Nasci para sonhar e cantar

Mila Burns

Nasci para sonhar e cantar

Dona Ivone Lara: a mulher no samba

EDITORA RECORD
RIO DE JANEIRO • SÃO PAULO

2009

CIP-Brasil. Catalogação-na-fonte
Sindicato Nacional dos Editores de Livros, RJ.

B977n   Burns, Mila
        Nasci para sonhar e cantar – dona Ivone Lara: a mulher
        no samba / Mila Burns. – Rio de Janeiro: Record, 2009.
        il.

        Inclui bibliografia
        ISBN 978-85-01-08378-4

        1. Lara, Ivone, 1921-. 2. Cantoras – Brasil – Biografia.
        3. Compositoras – Brasil – Biografia. 4. Música popular –
        Brasil. 5. Samba – Brasil. 6. Carnaval – Brasil. 7. Mulheres
        na cultura popular – Brasil. I. Título.

                        CDD – 927.8042
08-4351   CDU – 929:78.067.26

Copyright © Mila Burns, 2009

Capa: Gabinete de Artes/Axel Sande

Foto da autora: Paula Johas

Diagramação: Abreu's System

Todos os direitos reservados. Proibida a reprodução, armazenamento ou transmissão de partes deste livro, através de quaisquer meios, sem prévia autorização por escrito.

Direitos desta edição adquiridos pela
EDITORA RECORD LTDA.
Rua Argentina 171 – Rio de Janeiro, RJ – 20921-380 – Tel.: 2585-2000

Impresso no Brasil

ISBN 978-85-01-08378-4

PEDIDOS PELO REEMBOLSO POSTAL
Caixa Postal 23.052
Rio de Janeiro, RJ – 20922-970

EDITORA AFILIADA

"Assim como há homens singulares,
há outros plurais."
Carlos Drummond de Andrade

"As mulheres do Brasil em vez de cores boreais
terão as cores variamente tropicais."
Gilberto Freyre

Sumário

Agradecimentos 9

INTRODUÇÃO
Por que elas? 13

UM
Primeiras notas 41

DOIS
Entre o erudito e o popular 53

TRÊS
Desafio e conquista 65

QUATRO
Trabalho ou lazer? 77

CINCO
Uma outra história 89

SEIS
Que mulher é essa?... 103

SETE
Enfim, compositora.. 127

OITO
Derradeiro samba... 143

Brevíssimas biografias de artistas citados
neste livro.. 155

Referências bibliográficas.................................... 165

Agradecimentos

Este livro é uma versão adaptada de minha dissertação de mestrado, apresentada em 2006 ao Programa de Pós-Graduação em Antropologia Social do Museu Nacional da Universidade Federal do Rio de Janeiro. A conclusão deste trabalho só foi possível com muito esforço e companheirismo.

Para conciliar o árduo ofício de jornalista com o igualmente intenso trabalho de reflexão, estudo e produção exigido no mestrado, contei com o apoio de grandes amigos.

Agradeço a todos do Programa de Pós-Graduacão em Antropologia do Museu Nacional, por terem compreendido o projeto e apoiado desde o início minha entrada um tanto aventureira e apaixonada na antropologia. Aos professores e demais funcionários, aos amigos de sala, com quem dividi questionamentos e conclusões, aos integrantes da banca, Aparecida Vilaça, Santuza Cambraia Naves, Hermano Vianna, Yonne Leite e aos queridos Karina Kushnir e Celso Castro, que há muito tempo me inspiram e estimulam.

Ao meu orientador, Gilberto Velho. Foi ele quem, em 2000, despertou em mim a paixão pela antropologia. Foi ele quem apoiou minha decisão de fazer o mestrado e quem, durante todo o curso, esteve ao meu lado. Pelos incontáveis ombros nos momentos de insegurança, pelas intermináveis lições, pela amizade e carinho, para sempre serei agradecida.

Aos colegas de trabalho, que me permitiram trabalhar em horários não convencionais para cumprir as exigências do mestrado e aos amigos queridos cujas opiniões foram fundamentais para a conclusão deste sonho.

Agradeço a todos os entrevistados, parceiros desde as primeiras pesquisas, Délcio Carvalho, Ivor Lancelotti, Moacyr Luz, Luiz Carlos da Vila, Beth Carvalho, Bruno Castro, André Costa, Teresa Cristina, Telma Tavares, Ana Costa, e especialmente a Miriam, a Dona Ivone Lara e a toda a sua família (valeu, André!), sempre alegre e orgulhosa da sua bela trajetória, por mais longas e fora de hora que fossem as nossas conversas.

À minha família e meus pais, Denise e João Marcos, e à minha irmã querida, Julia, parceiros em todas as caminhadas, por mais fatigantes e sem fim que elas pudessem parecer. Na aventura da nossa vida, minha única certeza é a de que, com vocês, os ensinamentos nunca cessam. Por abrirem mão da companhia, mas continuarem cada vez mais presentes em cada esquina desta estrada que, como deve ser, está só começando.

Ao meu par, Rodrigo Alvarez, amigo, companheiro, revisor, parceirinho cem por cento, que (com a licença do poetinha) une a ação ao sentimento e ao pensamento. Agradeço as lições diárias, sempre acompanhadas de doçura e bom humor, e a lição maior que é testemunhar a sua vida.

Ainda a Luciana Villas-Boas, Andréia Amaral e toda a dedicada equipe da Record que trabalhou com tanto carinho para que aquela singela dissertação chegasse agora às suas mãos.

Introdução
Por que elas?

Dona Ivone Lara é considerada, hoje, uma das maiores compositoras de samba do Brasil, entre homens e mulheres. É cultuada como diva, faz shows em várias cidades — e no exterior — e seus discos têm uma vendagem bastante satisfatória. Até a obtenção da fama, todavia, um longo caminho foi percorrido e, mesmo assim, o reconhecimento só chegou na maturidade. Seu primeiro álbum foi gravado quando ela tinha 56 anos de idade, apesar de a primeira canção ter sido composta muito tempo antes, ainda na infância, aos 12. Trata-se de uma mulher negra, que cedo ficou órfã de pai e mãe e só alcançou a consagração como compositora depois de se aposentar como enfermeira e assistente social.

Foram muitos os fenômenos e traços de nossa sociedade que fizeram de Dona Ivone a primeira mulher no mundo do samba a poder assinar suas composições e, por elas, alcançar reconhecimento, ainda que tardiamente. O que teria feito, o que ela individualmente detém para ter-se tornado a pioneira na conquista de um espaço nesse universo até então exclusivamente masculino? E, ao mesmo tempo, o que a teria levado a conquistá-lo tão tardiamente e a não acreditar que a música pudesse tornar-se sua profissão?

Uma das primeiras barreiras mencionadas por Dona Ivone foi o fato de ser mulher. Chama a atenção o grande número de homens compositores no Brasil — quiçá no mundo — e o ínfimo número de mulheres. Essa situação fez-se presente não apenas no mundo do samba carioca, mas em muitos outros universos.

As primeiras interpretações de canções de Dona Ivone em rodas de samba não foram apresentadas como sendo de sua autoria, mas como obras do primo, mestre Fuleiro, que além de influente no Império Serrano era homem, podendo mostrar suas músicas a qualquer momento, sem temor de possíveis retaliações. Naquela época, as agremiações abarcavam famílias inteiras em seu núcleo e a presença da prima de mestre Fuleiro entre os bambas foi, aos poucos, sendo por ele sugerida e aceita pelo grupo. Até que um dia ele finalmente revelou a autora daquelas e de tantas outras obras, e Dona Ivone — ainda Yvonne — tornou-se a primeira mulher a ingressar na ala dos compositores de uma escola.

Pensando no contexto da época, o fato de ser mulher atrapalhou sua consagração como artista popular.

A bisavó de Dona Ivone era escrava. A avó nasceu após a promulgação da Lei do Ventre Livre. Tendo antepassados que vivenciaram a relação de subordinação da mulher negra no interior da estrutura patriarcal, ela sofreu na pele as conseqüências da morosidade em alterarem-se as relações de força entre a casa-grande e a senzala, estabelecida há tantas gerações.

Se por um lado a mulher negra ainda podia ser vista como inferior, subalterna, por outro Dona Ivone costumava freqüentar espaços onde o gênero feminino não contava simplesmente com a possibilidade de ascensão, mas liderava. Os terreiros de candomblé constituíam uma dessas esferas.

Nesse universo, a principal comandante do grupo é a mãe-de-santo. Yvonne casou-se com Oscar Costa, filho de um pai-de-santo e uma mãe-de-santo que, além de figuras proeminentes no terreiro, tinham grande destaque também no carnaval. Além disso, a compositora costumava freqüentar, desde a juventude, as rodas de jongo, manifestação cultural que confere grande valor à preservação das tradições afro-brasileiras.

O meio do samba, no entanto, era — e talvez continue sendo, até hoje — bastante machista. O preconceito, na visão da própria compositora, teria atrapalhado sua ascensão como artista. Por outro lado, parece evidente que, nesse mesmo meio, a influência de tradições afro-brasileiras das camadas populares — nas quais cabem às mulheres papéis de destaque — ajudou no seu reconhecimento como personalidade pública.

Pensando no social como um conjunto de relações estabelecidas entre os diversos elementos que o compõem e não perdendo de vista a idéia de que essas relações estão constantemente em processo, modificando-se, construindo-se e destruindo-se, pode-se vislumbrar esse movimento na trajetória de Dona Ivone: o samba como elemento instaurador de uma sociabilidade.

Apesar da desigualdade social e da hierarquia presentes na sociedade brasileira, a mobilidade social não está totalmente descartada. O universo do samba, embora não-autônomo, cria e recria suas próprias regras de sociabilidade. Na hora em que se está na roda, o fato de ser negro deixa de configurar um elemento de opressão para se tornar um mérito. A herança escrava jamais é apontada como motivo de vergonha ou de embaraço, mas exaltada com grande orgulho. O preconceito de que Dona Ivone reclama ter sido vítima pode ter atrapalhado sua carreira no sentido de dificultar seu acesso ao mercado fonográfico, no qual existiam fortes resistências às tradições afro-brasileiras. Apesar de ter gravado mais de dez discos, ela nunca integrou o chamado *main stream* — a fatia das gravadoras ocupada pelos grandes nomes da música (leia-se, os que vendem maior número de cópias e cujas músicas estão entre as mais tocadas nas rádios).

A trajetória da compositora — que perdeu os pais muito nova, tendo vivido boa parte da infância e da adolescência em um colégio interno exclusivo para moças — foi marcada pela busca da independência. No colégio, convivia com meninas de classes e famílias distinta, e foi estimulada a buscar sua individualidade — fosse através da participação no orfeão do Orsina da Fonseca, fosse obtendo as melhores notas da turma. A época em que viveu no internato consistiu justamente no momento em que se daria a transição da visão da mulher, como mãe e esposa, para aquela que buscaria na formação educacional e profissional a independência.

Não se trata de uma intérprete, mas de uma autora, e é justamente isso o que a faz singular, pioneira. Ao longo da história, a produção artística sempre esteve ligada à criação coletiva, mas também a movimentos individuais. Numa época em que a maioria das mulheres se casava cedo e muitas, em seu bairro, dedicavam-se às "prendas do lar", Yvonne optou por seguir uma profissão que lhe conferisse estabilidade financeira. Formou-se enfermeira, depois, assistente social, tendo se dedicado ao emprego de funcionária pública até aposentar-se. Só então pôde entregar-se exclusivamente à sua verdadeira paixão: a composição.

Depois de casar-se, aos 26 anos, ao contrário da maioria das mulheres de sua origem social, Yvonne não foi sustentada pelo marido. Na realidade, Oscar não ganhava dinheiro suficiente com os trabalhos esporádicos que arrumava, o que fazia com que a compositora — além de mãe, esposa e dona-de-casa — desempenhasse também o papel de chefe de família. Para ser ouvida e acolhida, precisou traçar estratégias de conquista e sedução. Teve de se mostrar especial, singular, e isso incluía um vestuário próprio, melodias diferentes e uma conduta organizada para atingir seu objetivo.

Entre as estratégias usadas por Yvonne estavam: mentir sobre a autoria de suas músicas (apresentadas pelo primo Fuleiro como sendo dele), tirar férias no mês de fevereiro, para afastar-se o mínimo possível da escola e contar com os amigos homens, compositores, como parceiros — o que, no princípio, facilitou sua aceitação.

O que teria feito, então, nossa compositora tornar-se uma das principais expressões da brasilidade — a despeito de ser mulher, negra e já uma senhora de certa idade? A conquista não dependeu exclusivamente de um movimento interno de Dona Ivone, mas de uma confluência de fatores externos que possibilitaram sua ascensão no meio musical. Na época em que a compositora começou a se destacar e gravou seus primeiros discos, o Brasil atravessava uma fase de notável transformação social. A partir dos anos 1960, o bonito era a diferença. A idéia de igualdade universal era aos poucos substituída pela valorização da diferença, fosse ela de raça, faixa etária ou sexo. Efervesciam movimentos negros, feministas, homossexuais e até de universos menores, como as associações de bairro, que naquela ocasião ganhavam grande visibilidade.

Dava-se, assim, uma significativa mudança de perspectiva na sociedade brasileira, que se abrira ao novo e passava a perceber a diferença como um instrumento de identidade nacional. Era o momento certo para que figuras semelhantes à Dona Ivone pudessem destacar-se. Mas aí teríamos uma nova questão: por que somente ela despontou? Aí, sim, a resposta parece residir na postura individual da compositora; a da matriarca, a da mulher que acreditava em sua obra e não teve medo de se expor — mesmo tendo usado, no princípio, o nome de seu primo como referência. Dona Ivone se metamorfoseia constantemente em dona-de-casa, assistente social, mãe e na personagem que mais exige seu empenho: a de artista.

A música está presente em diferentes grupos sociais de diversos modos, em situações e contextos variados. Se procurarmos os responsáveis por tantas dessas manifestações, no entanto, curiosamente observaremos que, em nossa sociedade, o número de autores homens é bem maior que o de mulheres. Sempre me perguntei o porquê desse fenômeno. Seriam elas menos propensas a unir melodia, letra e harmonia? Ou seria, ainda, a composição um ato masculino?

Pensando em alguns dos maiores nomes da música de todos os tempos, ingênua e arbitrariamente — não seria capaz de listar todos eles, nem teria a pretensão de fazê-lo —, apenas citando os dez primeiros nomes que me vêm à cabeça, lembro de Johann Sebastian Bach (1685-1750), Ludwig van Beethoven (1770-1827), Claude Debussy (1862-1918), Frédéric Chopin (1810-49), Joseph Haydn (1732-1804), Gustav Mahler (1860-1911), Maurice Ravel (1875-1937), Antonio Vivaldi (1678-1741), Sergei Rachmaninov (1873-

1943), Richard Strauss (1864-1949) e Igor Stravinsky (1882-1971). São homens de épocas, famílias, países diferentes, pertencentes a distintas classes sociais. Todos reconhecidos — uns postumamente, outros ainda em vida — e respeitados. Todos homens.

Wolfgang Amadeus Mozart, é claro, não pode ser esquecido. Seu pai, Leopold — um conhecido músico da corte que não teve o sucesso por ele almejado e passou a vida tentando fazer do filho mais novo uma grande estrela da música —, também costuma ser lembrado quando se fala nos mais importantes nomes da música erudita mundial. A irmã mais velha de Wolfgang, Nannerl, no entanto, que chegou a excursionar com eles pela Europa, não é sequer mencionada. Pudera: a moça jamais alcançou destaque e reconhecimento público suficientes para que seu nome ficasse marcado na história, a não ser pelo fato de ser filha de Leopold e irmã de Wolfgang.

Dificilmente saberemos se o esquecimento reservado a Nannerl deveu-se a sua falta de talento ou se ela era tão genial quanto — ou até mais que — o irmão, e pode ter sido vítima dos costumes sociais da época, na qual o espaço ocupado pela mulher, especialmente as que não pertenciam à nobreza — ou eram de classe social um pouco mais baixa —, era ínfimo.

A família Mozart viveu no século XVIII e seu mais famoso filho era um indivíduo demasiado complexo, pertencente à burguesia, mas em constante conflito com as regras de etiqueta vigentes na corte, onde prestava serviço e a cujos membros deveria agradar. A pouca participação da mulher nesse contexto fica clara, ainda, quando se pensa no papel da mãe de Wolfgang: "Não sabemos exatamente a parte que a mãe desempenhou nesta constelação; não há provas suficientes. Ela vinha de uma família pertencente à classe dos artesãos, e, aparentemente, era uma mulher calorosa, animada, paciente e com alguns interesses musicais. Até onde podemos perceber, submetia-se sem contestação nem dificuldade à autoridade do marido, como era comum entre as mulheres de sua classe. Wolfgang Mozart nasceu do que hoje se pode chamar de um casamento feliz do tipo antigo: o marido tomava todas as decisões, a mulher seguia-o com confiança absoluta em sua decência, afeto e superioridade intelectual."[1]

Até o começo do século passado, no meio musical, poucas eram as mulheres que apareciam em posição diferente da de ouvinte, musa ou intérprete. Nesse último caso, quase sempre se fazia necessário que o talento e o timbre de voz estivessem acompanhados da beleza e da sedução (fosse ela ingênua ou provocante).

No contexto da música popular brasileira, ocorre um fenômeno semelhante. É notória a participação da mulher como cantora, desde o final do século XIX até os dias de hoje. A pianista Guiomar Novaes, o soprano Bidu Sayão, as divas do rádio Marlene, Emilinha Borba, Linda Batista e Ângela Maria, a musa da bossa nova, Nara Leão e, na mesma época, Elis Regina são

---

[1] Ver Elias, Norbert, 1995.

apenas alguns exemplos de intérpretes que conquistaram espaço e respeito no meio.

Poucas são, no entanto, as mulheres compositoras brasileiras que conseguimos localizar na primeira metade do século XX, ou antes disso. Mas se, ao contrário, centrarmos nossa pesquisa nos homens, notaremos seu claro predomínio. Podemos pensar nos mais eruditos, como Heitor Villa-Lobos e Carlos Gomes, e também naqueles ligados à música popular brasileira, como Assis Valente e Ataulfo Alves.

O mundo do samba é o universo que escolhi para refletir sobre essa questão, por se tratar de um meio onde os papéis principais — que exigem bom desempenho intelectual e liderança — costumam estar reservados ao gênero masculino. Restam à mulher as figuras de intérprete, dançarina, conselheira ou, ainda, musa.

Uma das figuras mais populares do meio é a "tia". A pioneira, Tia Ciata, era uma doceira baiana que costumava receber músicos em animadas reuniões, no começo do século XX. Foi em sua casa, dizem, que o samba foi criado. O primeiro deles, "Pelo telefone", seria um partido-alto, tocado e repetido nas festas. Até hoje as escolas de samba prestam, com a ala das baianas, obrigatória em todos os desfiles, uma homenagem a ela. O posto de "tia" é, atualmente, ocupado por senhoras de idade, com muitos anos de agremiação, e com certa influência, mas não necessariamente com grande autoridade no meio do samba. Ter o "título" confere respeito à mulher — especialmente pelo tempo devotado à escola —, mas não poder decisório. As "tias" costumam ser representantes da velha guarda.

Entre as grandes intérpretes é fácil lembrar dezenas de nomes: Carmen Miranda, Araci de Almeida, Clara Nunes, Linda Batista, Beth Carvalho, Alcione e outras das maiores estrelas da música brasileira cantam ou cantaram samba. Mas são poucas as que dão voz às suas próprias músicas.

Entre os homens, poderíamos lembrar de Almir Guineto, Martinho da Vila, Wilson Batista, Noel Rosa, Adoniran Barbosa, Cartola, Ismael Silva e tantos outros que tinham o poder de transformar notas e palavras em representações da cultura brasileira.

Entre as mulheres, uma das primeiras a alcançar tal espaço foi Chiquinha Gonzaga. Nascida no Rio de Janeiro, em 1847, filha de Rosa Maria, de ascendência negra e pobre, e do militar José Basileu Gonzaga, membro de família tradicional. Os pais dele foram contra a união e Francisca nasceu bastarda, longe do pai, que estava em Pernambuco. Quando voltou ao Rio, no ano seguinte, ele assumiu a paternidade da menina.[2]

Em 1877, ela compôs sua primeira música. Sonhava com a melodia e, em um sarau na casa do maestro Henrique Alves de Mesquita, tocou-a ao piano. Era a

---

[2] Para mais informações sobre a vida e a obra de Chiquinha Gonzaga, ver Schumaher, 2001, e Diniz, 1984.

polca "Atraente", registrada pela editora do flautista Calado, grande amigo de Chiquinha. Este último integrava um grupo bastante conhecido no final do século XIX, o Choro do Calado, que se apresentava com freqüência em festas particulares e saraus. Na época, faltava ao grupo um pianista capaz de tocar de um jeito mais solto, permitindo improvisos, seguindo o novo estilo que se impunha à música brasileira, com um ritmo que começava a fazer sucesso. Eram os primórdios do chorinho. Chiquinha preencheu a vaga e tornou-se a primeira mulher "pianeira" no Brasil.

O "atrevimento" da jovem, que freqüentava eventos nas rodas mais boêmias da cidade, foi severamente condenado. Das roupas ao modo de agir, tudo em seu comportamento era motivo de comentários maldosos. Com a morte de Calado, em 1880, ela não perdeu apenas o amigo, mas a principal fonte de renda, pois o grupo dele foi extinto. Passou por sérias dificuldades financeiras, até descobrir no teatro uma boa oportunidade de crescer profissionalmente.

Ainda em 1880, Chiquinha escreveu o libreto "Festa de São João". Três anos depois, musicou "Viagem ao Parnaso", de Artur Azevedo, mas seu trabalho foi recusado porque o empresário responsável pela peça acreditava ser responsabilidade demais para uma mulher. Só em 1885, com "A corte na roça", começou a conquistar algum reconhecimento. Era algo tão inusitado que a imprensa nem sequer sabia qual a maneira correta de nomeá-la: maestra ou maestrina.

Lutou contra a escravidão (compôs, inclusive, um hino em homenagem à princesa Isabel, quando foi aprovada a Lei da Abolição), depois, contra a monarquia, e mais tarde ainda, contra o governo do presidente Floriano Peixoto. Chegou a receber ordem de prisão pela contestação.

Em 1902, viajou para Portugal e voltou acompanhada de um rapaz, João Batista, que Chiquinha a todos apresentava como sendo seu filho. Na verdade, os dois haviam se conhecido em 1899, no Rio de Janeiro. Ela com 52 anos, ele com 16. Joãosinho era músico amador e os dois passaram a viver um romance que durou até a morte da maestrina, em 1935.

Trata-se, portanto, de uma mulher que impôs suas idéias, suas vontades, suas composições em um meio quase exclusivamente masculino. Questionava o regime vigente sem se apegar a nenhuma corrente política específica, mas apenas levando em consideração aquilo que a agradava ou incomodava. Fazia barulho, se necessário. Entre os seus melhores amigos estavam homens influentes, que a ajudaram a conquistar espaço no meio musical, o que, naturalmente, em nada diminui a constatação de seu enorme talento.

Dolores Duran, outra compositora oriunda das camadas populares, também foi incentivada por amigos a escrever canções. Nascida no Rio de Janeiro em 1930, começou a cantar muito cedo, aos 3 anos de idade. Aos 12, quando o pai morreu, ela teve de sustentar a família com sua música.

Passou anos dedicando-se exclusivamente à atividade de intérprete. Participou de programas para calouros e do radioteatro, na Rádio Tupi, no programa infantil "Teatro da Tia Chiquinha". Cantou, ainda, na Rádio Nacional e, aos 16 anos, foi contratada pelo proprietário da boate Vogue — uma das mais bem freqüentadas da época — como *crooner* oficial. Dolores alcançou a fama.

Sua primeira composição data de 1955 e foi uma parceria com o amigo Antônio Carlos Jobim. "Se é por falta de adeus", gravada por Dóris Monteiro, não chegou a ser um grande sucesso de público. Aos 27 anos, em 1957, ela reencontrou o amigo Tom, que mostrou-lhe uma composição feita em parceria com Vinicius de Moraes, autor da letra. Ao ouvir a melodia, Dolores Duran imaginou outros versos para "Por causa de você". Vinicius ouviu, rasgou o próprio trabalho e disse que o de Dolores era bem superior. Depois disso, ela compôs várias outras canções, inclusive clássicos da música popular brasileira, como "Castigo", "A noite do meu bem", "Estrada do sol", "Pela rua", "Fim de caso" e "Olha o tempo passando".

Sua produção, no entanto, seria precocemente interrompida dois anos mais tarde. Aos 29 anos, Dolores Duran morreu enquanto dormia. Desde criança ela sofria com distúrbios de saúde provocados por um reumatismo infeccioso. Não se sabe ao certo se sua morte foi provocada por problemas cardíacos ou pela ingestão excessiva de barbitúricos.

Na década de 1960, foi a vez de Rosinha de Valença conquistar um grande público com seu violão. Em sua introdução no meio musical também destacam-se importantes figuras masculinas. Foi um amigo, o jornalista Sérgio Porto, quem a apresentou, em 1963, a Baden Powell e a Aluísio de Oliveira, na época, produtor da gravadora Elenco. Foi este último quem a contratou para gravar um álbum, o primeiro de sua carreira, "Apresentando Rosinha de Valença".

Um dos momentos mais importantes de sua trajetória foi a participação no show "O Fino da Bossa", ocorrido em São Paulo, em 1964, quando suas músicas foram ouvidas por numeroso e atento público. Rosinha fez várias turnês no exterior. Em algumas delas apresentou-se sozinha; em outras, acompanhada de artistas como Maria Bethânia, Martinho da Vila, João Donato, Dona Ivone Lara e Miúcha. Gravou mais de vinte discos, em que gravava não apenas composições de sua autoria, mas músicas de diferentes estilos e países, desde que soassem bem no seu violão.

Como Dolores Duran, Rosinha de Valença deixou de compor precocemente. Morreu em 2004, aos 62 anos, depois de passar 12 anos em coma, em estado vegetativo. O problema teve início em 1992. De férias no Brasil, no auge da carreira, a violonista sofreu uma parada cardíaca que provocou uma lesão permanente no cérebro.

Na mesma época em que Rosinha começava a fazer sucesso, surgia outra jovem compositora. Ao contrário das demais autoras até agora mencionadas, tratava-se de uma moça de família rica. Maysa, nascida em 1936, que escreveu sua primeira canção, "Adeus", aos 12 anos, quando ainda estudava piano. Casou-se e deixou de lado a carreira. Passou a cantar apenas em festas de amigos. Até que em uma dessas ocasiões foi convidada a gravar um disco com composições suas. Em 1956, foi lançado "Convite para ouvir Maysa", que incluía, além de sua primeira obra, os sambas-canções "Meu mundo caiu" e "Ouça".

O sucesso continuaria até a década de 1970. Maysa, no entanto, dedicava-se muito mais a interpretar canções de outros compositores do que as suas próprias. Sua carreira também duraria pouco. A cantora faleceu no auge da vida artística, em 1977, vítima de um acidente de carro na ponte Rio—Niterói.

Na década seguinte, o samba também revelaria uma compositora. Freqüentadora de um ambiente predominantemente masculino, o do partido-alto, Jovelina Pérola Negra nasceu no Rio de Janeiro em 1944. Fã de Bezerra da Silva, baiana do Império Serrano, começou a versejar em pagodes no Vegas Sport Clube, localizado no bairro de Coelho Neto, no subúrbio do Rio de Janeiro, levada por um amigo. Mas a primeira participação em discos só aconteceria em 1985, quando gravou três faixas no álbum "Raça Brasileira". O sucesso foi tamanho que a gravadora produziu, no ano seguinte, seu primeiro disco solo, "Jovelina Pérola Negra". Além desses dois, outros nove foram lançados até 1997.

Em entrevistas, Jovelina costumava lamentar a ausência de pessoas do meio musical em sua família e a dificuldade de ter acesso às grandes gravadoras, onde era "brabo" entrar. Dizia sofrer muito com o racismo, mesmo depois de se tornar um sucesso de vendas (do primeiro álbum foram vendidas mais de 200 mil cópias). A artista, entretanto, não compôs um grande número de canções. Sua carreira como cantora profissional durou pouco mais de dez anos. Jovelina Pérola Negra morreu em 1998, aos 54 anos, de enfarte, enquanto dormia em sua casa, em Jacarepaguá, na zona oeste do Rio de Janeiro. Deixou três filhos.

Na segunda metade do século XX, as mulheres compositoras passaram a ter uma visibilidade bem maior, apesar de continuarem, até hoje, a constituir minoria. Fátima Guedes, Joyce, Rita Lee, Ná Ozzetti, Sueli Costa, Angela Ro Ro, Adriana Calcanhotto, Marisa Monte, Zélia Duncan e, mais recentemente, a roqueira baiana Pitty, além da cantora Vanessa da Matta e da estrela da música pop Sandy, são algumas das mulheres que assinam parte das músicas que interpretam.

No universo do samba carioca, a partir dos anos 1990, surgiram muitos outros nomes de sucesso. É o caso de Teresa Cristina, que já gravou um disco contendo apenas composições de Paulinho da Viola. Em seus álbuns seguintes, no entanto, ela passou a incluir faixas de sua autoria, que há anos vêm sendo apresentadas em espaços culturais no bairro da Lapa, no Rio de Janeiro. O mesmo caminho é trilhado por Telma Tavares, pelas meninas do grupo O Roda (Ana Costa, uma das compositoras do grupo, diz que sua maior influência é Mart'nália, outra jovem sambista) e por Nilze Carvalho e o grupo Sururu na Roda, do qual faz parte, entre outras.

Quando conversava com um dos atuais representantes da malandragem, da boemia, do samba "de raiz", o cantor e compositor Moacyr Luz, perguntei-lhe qual seria a razão da preponderância masculina no mundo do samba. Piadista, ele respondeu que "mulher não faz samba porque não vai a botequim".[3] Da *blague* do compositor nos resta uma série de questionamentos. Afinal, o que é necessário para que alguém, não importando gênero, raça, credo ou nacionalidade, seja capaz de transformar palavras e notas em canções tão representativas da cultura brasileira? O que torna um indivíduo sambista? E quem, de fato, pode ser tido como tal?

Antes de Rosinha de Valença, Teresa Cristina, Jovelina Pérola Negra, Pitty ou Rita Lee, uma mulher conquistava espaço entre os homens compositores de samba. Ela começara a se tornar mais conhecida em meados dos anos 1940 e, aos poucos, transformou-se em referência, passando a ser citada por críticos e músicos pro-

---

[3] Para mais informações sobre o universo particular desses bares, especialmente os do Rio de Janeiro, onde há um permanente confronto de virilidades e os freqüentadores têm debates recorrentes sobre temas como mulheres, futebol, política e religião, ver Machado, 1969.

fissionais como uma das maiores musicistas brasileiras de todos os tempos, entre homens e mulheres. Em sua homenagem, o pianista Leandro Braga — que a considera "uma das maiores melodistas do samba" — gravou o álbum "Primeira Dama", transformado, posteriormente, em livro de partituras com o mesmo nome. "Senhora da Canção", do sambista Nei Lopes, foi composta para a tal senhora, que acabou tornando-se quase unanimidade no meio do samba, e é hoje apontada como a grande "diva" desse ritmo brasileiro.

Quando perguntei a Luiz Carlos da Vila, Martinho da Vila, Beth Carvalho, Paulinho da Viola e outros grandes artistas de samba se conheciam mulheres compositoras do ritmo, a resposta, sempre depois de muita reflexão, era a de que só havia uma ou, no máximo, havia duas mulheres entre tantos homens nesse universo tão brasileiro. A única que estava presente em todas as constatações era Dona Ivone Lara.

O que levou, afinal, a menina pobre de Madureira a alcançar esse posto? O fato de grande parte de sua família pertencer ao mundo do samba? Ou seria por ela ter se casado com o filho do presidente de uma destacada escola de samba da época, a Prazer da Serrinha? Ou, ainda, por se ter imposto como autora, integrando a ala de compositores de uma grande agremiação, onde fez história, tornando-se a primeira mulher a escrever um samba-enredo? Ou por ter aberto mão de assinar as suas primeiras músicas para que seu primo, sambista conhecido, pudesse apresentá-las como dele e, assim, fazer com que as canções fossem finalmente ouvidas? O que há de diferente na vida dessa senhora para que hoje ela seja lembrada por músicos, público e crítica como a principal compositora de samba do Brasil?

Cantora a quem poucos se furtam chamar de Dona, a quem sambistas de todas as gerações devotam respeito, Dona Ivone Lara é muitas mulheres em uma. Como todas. Mas possui uma peculiaridade. Faz parte de um universo quase sagrado no Brasil: o do carnaval, do samba, do ritmo, do suingue. Não se encaixa, todavia, em nenhum dos "tipos" mais conhecidos desse universo. Não é "tia", não é passista, tampouco é musa inspiradora. Ela simplesmente compõe e canta, como fazem tantos homens.

Não me proponho a explicar que passe de mágica teria tornado possível tal fenômeno, mas acredito que uma análise um pouco mais detalhada das etapas da trajetória da sambista pode nos levar a algumas respostas. Ou, quem sabe, a outros questionamentos.

Em primeiro lugar, creio ser essencial tentar entender o contexto da época em que ela emergiu como compositora. Trata-se de uma análise fundamental para compreender o que seria essa confluência de fatores, essa união de elementos que não são constantes nem tampouco uniformes, e que fizeram de nossa personagem uma "diva".

Fredrik Barth sugere evitarmos os axiomas da cultura que muitas vezes deixamos intocados, e propõe que se pense na realidade de indivíduos como uma composição de construções culturais, "sustentadas de modo eficaz tanto pelo mútuo consentimento quanto por causas materiais inevitáveis. Esse consentimento, ao que tudo indica, está incrustado em representações coletivas: a linguagem, as categorias, os símbolos, os rituais e as instituições".[4]

A partir da tentativa de compreender de onde viria esse "consentimento" mencionado por Barth, proponho refletirmos sobre os tais mundos de que Dona Ivone Lara faz parte. Pensando no universo do samba, trata-se de um grupo que representa simbolicamente a cultura popular e a unidade nacional brasileiras. Um meio formado por inúmeras correntes de tradição cultural, de que a compositora faz parte, mas que não são simples de se perceber, tampouco de se delimitar. Trata-se de uma rede de significados complexa, que envolve gênero, religião, arte, samba, afro-descendência e brasilidade.

No começo do século passado, o Rio de Janeiro era o palco de uma série de movimentos culturais. O local perfeito para o nascimento do gênero musical que mais tarde se tornaria um dos principais produtos culturais brasileiros, expressão da nossa identidade.

Em uma de suas mais famosas canções, "Feitio de Oração", Noel Rosa sustenta que "o samba, na realidade, não vem do morro nem lá da cidade". O ritmo viveu, no século XX, dois momentos bastante distintos. No início foi maldito, perseguido, limitado aos morros

---

[4] Ver Barth, 2000.

cariocas e às camadas mais pobres da população. O ato de sambar chegava a ser motivo de prisão, nas primeiras décadas após o seu aparecimento. Dançar ou cantar o ritmo era um ato de "perturbação da ordem pública", muitas vezes punido com a detenção do praticante. Mais tarde, o samba se apresentava como símbolo da cultura brasileira, conquistando rádios e diversos setores da sociedade.

O processo de interação entre o popular e o erudito — um encontro secular, com um impulso recíproco de intercâmbio — é visto por estudiosos como um dos sustentáculos para a coroação do samba como ritmo nacional. Dona Ivone vivenciou esse momento. Ela provinha de uma família de sambistas e chorões e participou de rodas e festividades, mas sua formação musical se deu por um método de ensino erudito: quando menina, estudava teoria musical no internato onde vivia.

A vida de Dona Ivone, aliás, acompanha a trajetória do gênero musical. Considerado o primeiro samba, "Pelo Telefone", uma criação coletiva creditada a Donga e ao jornalista Mauro de Almeida, foi gravado em 1916, na voz do cantor Baiano. Dona Ivone Lara nasceu em Botafogo pouco mais de cinco anos depois. Ela conta que durante toda a sua infância e a juventude, o ritmo fazia parte de sua vida predominantemente nas férias, quando saía do colégio interno e ia para a casa dos tios, em Madureira, zona norte do Rio. Neste local, o contato com tal ritmo não se dava apenas pelas freqüentes audições de rádio. Um de seus tios, Dionísio Bento da Silva, tocava violão de sete cordas, e costumava fazer ensaios de choro em sua casa, freqüentados por grandes amigos seus. Entre eles, músicos já naquela época reverenciados, como Jacob do Bandolim e Pixinguinha.

Dona Ivone é a expressão do encontro entre diferentes correntes de tradição cultural. Em sua formação musical, houve uma forte união entre popular (o samba e o chorinho, das rodas que freqüentava com a família) e erudito (presente nas aulas teóricas e nos hinos cantados na classe de canto orfeônico no colégio), um retrato da aclamada originalidade cultural brasileira. Encontrava, na escola, meninas de classes sociais diferentes da sua e, quando voltava para casa, se deparava com a realidade das casas pobres do subúrbio do Rio de Janeiro. Convivia com negros, brancos, com pessoas de elevada formação escolar ou gente sem qualquer estudo.

Na mesma época em que Dona Ivone compunha seu primeiro samba — início da década de 1930 —, *Casa-grande e senzala* tornava-se um marco da bibliografia nacional. O mestiço — até então o grande vilão do país — passava ao posto de pilar da formação da cultura nacional.

Em certa medida, ela constitui uma figura que ilustraria de maneira ímpar esse indivíduo "verdadeiramente brasileiro". Chegou a cantar regida pelo maestro Villa-Lobos, mas descobriu-se musicalmente quando aprendeu a tocar cavaquinho com o tio. Dona Ivone participa até hoje ativamente da cultura popular e estuda teoria musical com ferramentas provindas da cultura erudita. É cantora e compositora. Negra, bisneta de escravos (sua avó nascera depois da Lei do Ventre Livre, que determinava que todos os bebês filhos de escravos estavam dispensados da obrigação de servir a seus senhores), e ela guarda em si essa indefinição de fronteiras entre os mais distintos mundos sociais.

Tomando como referência o ponto de vista de Georg Simmel — segundo o qual, na sociedade moderno-contemporânea, quanto maior é a participação do indivíduo em redes, maior sua percepção de singularidade e maior sua assunção de valores individualistas —, não restam dúvidas de que tratamos, aqui, de um indivíduo demasiadamente complexo, ator na construção desses diferentes mundos, de sua própria biografia e fundador de novas redes a partir da mediação que faz entre os grupos. Não cabe aqui pensar em um indivíduo passivo determinado pela sociedade, mas em um sujeito em constante relação, em caráter dialético, ativo. O indivíduo é visto não como ser isolado, mas como integrante de grupos, como um sujeito humano sempre em diálogo com outros indivíduos. Se por um lado temos essa interação, também está clara a descontinuidade entre sujeito e objeto, numa relação com o exterior que jamais se esgota. A arte é concebida como uma manifestação altruísta, já que, quando cria e torna pública sua obra, o artista faz com que sua individualidade seja apreendida por outros.

Ao longo de mais de oito décadas de vida, Yvonne tem desempenhado papéis que caberiam a muitas pessoas. Aos 10 anos, tinha desejos completamente diferentes daqueles que vislumbrou aos 80. Não apenas o mundo mudou, os contextos em que ela se insere se alteraram, e ela própria sofreu mudanças.

A biografia dessa diva do samba é pano de fundo para a análise de várias manifestações decorrentes de cultura que compõem parte da identidade brasileira. Trata-se, ao mesmo tempo, da luta para manter tradições de uma vertente cultural afro-brasileira e de uma renovação, de uma transformação constante e dinâmica, que torna essas mesmas tradições vivas e fortes dentro do mercado musical, composto por empresas, mídia e público.

Um

Primeiras notas

Nasceu Yvonne da Silva Lara, em Botafogo, no dia 13 de abril de 1921. Em casa, com uma parteira, como era costume na época. O bairro já havia deixado de ser exclusivo da nobreza para abarcar gente de todo tipo: operários, funcionários públicos, comerciantes, biscateiros, militares. A menina era a primeira filha de um casal unido pela música. A mãe, Emerentina Bento da Silva, cantava em ranchos, nos quais o pai, João da Silva Lara, tocava violão de sete cordas. Os dois se conheceram quando se apresentavam juntos em um desses grupos tradicionais, o Rancho Ameno Resedá. Em época de carnaval, saíam das ruas do bairro, na zona sul do Rio de Janeiro, por toda a cidade, animando a folia dos cariocas.

    João e Emerentina eram dois jovens negros, bonitos, com uma posição de relativo destaque entre os amigos.

Ser músico em um meio carnavalesco tradicional, que dialogava com diferentes classes sociais, com pessoas dos mais distintos bairros do Rio, significava a possibilidade de conquistar reconhecimento profissional e admiração. Ele ainda tocava violão de sete cordas em outros ranchos e no bloco dos Africanos. Ela era uma espécie de *crooner* do Flor de Abacate, um soprano autodidata, com voz lindíssima, com timbre doce, parecido com o de Dalva de Oliveira. A moça, no entanto, dedicava-se mais ao ofício de costureira e lavava roupa para fora. Era o que lhe rendia dinheiro suficiente para pagar as contas.

Pode-se dizer que tudo começou como um amor de carnaval. Nas primeiras décadas do século XX, os ranchos eram a expressão maior da folia carioca. Saíam cantando versos de músicas com temas quase sempre relacionados ao grupo, com instrumentos de corda e sopro, abarcando cada vez mais foliões. Surgiam como uma manifestação com a cara do povo, das ruas. Diferentemente das escolas de samba, exploravam bastante os instrumentos de sopro, formando pequenas orquestras das quais faziam parte músicos como Pixinguinha e Irineu Batina.

Os ranchos apareceram na então capital do Brasil no final do século XIX e, assim como as escolas de samba, "desfilavam com um enredo, fantasias e carros alegóricos, ao som de sua marcha característica e eram organizados pela pequena burguesia urbana."[5] Eram

---
[5] Ver Cavalcanti, 1994.

mais estruturados e tinham mais recursos financeiros do que os blocos, apontados como os principais originários das escolas de samba. A família que os pais de Yvonne formaram, no entanto, estava longe de pertencer a tal camada social. Os dois viviam em uma casa pequena, e quando a primeira filha nasceu chegaram a passar dificuldades.

Era uma menina forte, gorducha, com olhos grandes e sobrancelhas marcadas. A vizinhança já se acostumara com sua precocidade. Aos 3 anos já falava como se 8 tivesse. Compreendia o que lhe perguntavam, brincava nas ruas, cantava músicas de roda. E todos os dias, quando ia escurecendo, se postava sentadinha na soleira da porta, esperando a chegada do pai. Quando via João ao longe — era pelo nome, e não de "pai", que ela o chamava — corria para recebê-lo com abraços. Enquanto se preparava para o banho, João a punha nos braços e os dois conversavam longamente sobre o dia, como se a pequena fosse já uma adulta. A proximidade dos dois era tamanha que ela só jantava quando ele chegasse, mesmo que tivesse fome, e tinha por hábito tirar os sapatos do pai e correr casa adentro para buscar seus chinelos.

Não faltavam comida, roupas, o básico, enfim. Yvonne tem poucas recordações dessa época. As memórias mais frescas que guarda referem-se ao rigor com que era educada pelos pais. "Eles me davam limites, compreende? Uma coisa que era necessária desde cedo, para eu entender bem por que é importante respeitar os outros e cuidar daquilo que se ganha com esforço", orgulha-se.

Apesar do relativo status de ser músico naquela época, a profissão não trazia dinheiro suficiente para o casal. Ambos procuravam outros trabalhos, faziam biscates e contavam com a ajuda da tia de Yvonne, a irmã mais velha de sua mãe, Maria de Souza. Casados, mas sem filhos, ela e o marido tinham condições de contribuir com o sustento dos três. Esse apoio inicial tornou-se indispensável quatro anos mais tarde. Quando estava grávida da segunda filha, Elza, Emerentina ficou viúva. Foi um momento de confusão na família, mas Yvonne só sabe disso de ouvir falar. Não tem lembranças da perda do pai.

Os relatos que ouve sobre essa fase referem-se à percepção de que uma grave crise estava por vir. A morte de João Lara significou uma enorme perda, não apenas do ponto de vista emocional, com a desconstrução de uma família admirada, mas também pelo lado financeiro. Emerentina se via perdida, órfã da estabilidade que a presença do chefe e principal provedor da casa trazia. O que ganhava costurando não era nem de longe suficiente para arcar com todas as despesas. A jovem passara, rapidamente, da condição de "moça pobre casada com rapaz pobre, mas direito" à de viúva, sem muitas perspectivas de vida.

Essa situação, no entanto, durou muito pouco. Alguns anos depois, ela casou-se com Venino José da Silva, que assumiu as duas meninas. "Uma sorte", diziam as irmãs. O casal teve ainda mais três filhos: Regina, Nilo e Valdir. Depois do nascimento dos dois, a casa ficou pequena demais para todos. Mudaram-se, então, para uma outra, um pouco maior, no largo da Segunda-feira, na Tijuca.

Venino era um homem bondoso. Fazia as vontades das meninas e as tratava como se suas filhas fossem. Yvonne e Elza devolviam o carinho, mas a primeira sabia bem quem era seu pai. De Venino, não tirava os sapatos ou buscava os chinelos.

Perto dali, na rua São Francisco Xavier, ficava o Colégio Municipal Orsina da Fonseca. Era um internato público, mantido pela prefeitura, bastante conhecido na cidade pelo rigor e pelos bons ensinamentos que transmitia às internas. Tinha inspetoras famosas pela severidade, mas também professoras com formação educacional de qualidade, respeitadas, inclusive, por gente de classe alta. Na época, o colégio público era apontado como um dos que ofereciam o melhor currículo para a formação educacional de meninas. Uma das senhoras para quem Emerentina costurava e lavava roupa era professora do colégio e a convenceu de que aquele era o lugar ideal para a mais velha estudar.

Essa união entre qualidade do corpo docente e rigor fez do Orsina da Fonseca um colégio tradicional na época. Foi inaugurado em 1898, com o nome de Instituto Profissional Feminino, contando com pouco mais de cem alunas. Em 1912, com a morte da então primeira-dama Orsina da Fonseca, esposa do presidente

Marechal Hermes da Fonseca, a escola passou a ter o nome que carrega até hoje. Era um lugar dedicado à profissionalização, especialmente de meninas de baixa renda, que ali poderiam tornar-se "mulheres ideais". Um dos educadores que participaram do projeto, o professor Aprígio Gonzaga, ajudou a promover uma reforma educacional na então capital do país no início do século XX. Ele dizia que "a escola tem de encarar a mulher sob duas faces: a mulher casada e a mulher solteira", e que seu objetivo seria o de formar a mulher como "mãe de família, esposa, e quando necessário for, trabalhadora ao lado do homem, para se manter, sem dependências ou humilhações".

O decreto 981, de 2 de setembro de 1914, estipulava que o curso promovido pelo colégio, na época, deveria oferecer disciplinas como modelagem, desenho, pintura, gravura, litografia, fotografia, escrituração mercantil, datilografia, estenografia, tipografia (brochura e encadernação), telegrafia, costura à mão e à máquina e cortes, bordados à mão e à máquina, rendas à mão e à máquina, flores e suas aplicações, chapéus e coletes para senhoras e, finalmente, gravatas.

Ao longo de mais de um século de existência, o Orsina da Fonseca passou por uma série de mudanças. Foi escola técnica, municipal, estadual, enfim, acompanhou alterações sociais e políticas do país. Na década de 1930, quando Yvonne lá estudava, o lugar ainda era um internato gratuito, administrado pela prefeitura. Em 1933, ele sofreu uma grande remodelação, passando a se chamar Escola Técnica Secundária Orsina da Fonseca. Na ocasião, foram admitidos novos diretores e professores, considerados de ótimo nível. Disciplinas como física, química, história natural, língua portuguesa e geometria, que já vinham sendo ministradas desde o início da década de 1920, ganharam destaque no currículo.

Naquela época, cursar o ensino básico em colégios públicos era uma opção que não se restringia àqueles que não tinham condições de arcar com as mensalidades das escolas particulares. O ensino fundamental era considerado de excelência em quase todos esses centros e o Orsina da Fonseca, que a princípio foi concebido como um projeto de profissionalização de meninas de baixa renda, tornou-se um exemplo de internato que funcionava bem.

Durante o processo de escolarização, portanto, Yvonne não teve contato apenas com meninas de sua classe social. O colégio onde estudava era escolhido também por famílias um pouco mais abastadas que buscavam uma formação marcada pela disciplina e pela dedicação ao estudo durante o maior tempo possível. No Orsina da Fonseca, o regime de aulas era integral, com algumas disciplinas extracurriculares, como atividades esportivas e culturais.

Aos 10 anos de idade, Yvonne foi matriculada no internato, de onde só sairia definitivamente ao atingir a maioridade. Chegava ao local às segundas-feiras e saía nos fins de semana, a cada quinze dias, para visitar a família. Acostumou-se à distância da família, já que sua mãe não conseguia visitá-la com freqüência, e, muitas vezes, nos dias em que estava liberada, não conseguia voltar para casa porque a mãe tinha muito trabalho. Passava muito tempo entre os muros do internato, que guardava um universo bem diferente daquele onde havia crescido. Vivia exclusivamente com outras meninas — cerca de trezentas delas — e não rodeada de primos e irmãos. Algumas eram mais ricas, outras mais pobres que ela. Umas mais bonitas, outras menos talentosas, outras mais quietas, mas todas meninas saindo da infância ou já na adolescência.

A rotina das alunas era acompanhada de perto pelas professoras e diretoras do estabelecimento de ensino, pelas meninas chamadas "orientadoras educacionais". Todas as estudantes eram responsáveis, apesar da pouca idade, por uma série de tarefas. Mas nada disso era motivo de reclamação para Yvonne, muito pelo contrário. Ela entendia o lugar como uma espécie de necessária "escola da moralidade".[6] "Tínhamos nossas obrigações e sabíamos que era importante cumprir com elas. No colégio interno o ambiente era muito bom. Passávamos o dia com as inspetoras, que sempre davam muitos bons conselhos, tomavam conta da gente. A diretora era dona Maria José de Avelar Lacerda. Ela cuidava de perto para que nada nos faltasse. Aprendi a jogar vôlei, a cantar..."

---

[6] Ver Durkheim, 1963.

Essas atividades, por sinal, representavam algo importante dentro do grupo: eram ferramentas capazes de promover ascensão social, reconhecimento àquelas que se destacassem. Vôlei e música eram atividades valorizadas pela coordenação no Orsina da Fonseca. Sabendo-se que as professoras e diretoras exerciam um papel de tamanha influência sobre as alunas, não é de surpreender que as jogadoras que mais marcavam pontos nos esportes ou as mais afinadas tornavam-se mais valorizadas pelo grupo, não apenas quando estavam na quadra ou no palco. Fora desses espaços, em um universo tão fechado, a escalada social se dava pelos pequenos méritos.

À música conferia-se um destaque ainda maior do que à atividade esportiva. No colégio havia um orfeão, espécie de coral com as vozes mais afinadas. As meninas selecionadas recebiam não apenas o reconhecimento das demais, mas a possibilidade de reafirmar sua condição, seu status, constantemente, pois o conjunto fazia apresentações com certa freqüência no colégio, e também fora dele, em festas e eventos na cidade. Yvonne tinha uma das melhores vozes do orfeão, e confessa que seu maior orgulho era ser aluna de dona Lucília.

Dois

Entre o erudito e o popular

A tal dona Lucília, maestrina do orfeão e professora de canto orfeônico do colégio, era ninguém menos que a mulher de Heitor Villa-Lobos, Lucília Villa-Lobos. Na época, era comum a formação de orfeões artísticos em instituições mantidas pela Prefeitura do Rio, e no Orsina da Fonseca era o maestro quem classificava e selecionava as vozes mais bonitas. Numa dessas manhãs de teste, pôs as pequenas em fila e se encantou com a expressão e a voz forte de uma delas. Era um contralto dramático, e começaria ali sua carreira de sucesso na música.

O maestro também organizava grandes festas cívicas no Campo de São Cristóvão, unindo os orfeões de vários colégios. Eram celebrações enormes, onde ele apresentava composições eruditas, inclusive algumas de sua autoria. Yvonne chegou a cantar sob sua regência e dona Lucília indicou a menina para cantar no famoso Orfeão dos Apiacás, da Rádio Tupi.

Também foi professora de Yvonne no Orsina da Fonseca a primeira esposa do sambista Donga, Zaíra de Oliveira, cantora negra que em 1921 venceu o concurso da Escola de Música, a instituição de ensino de música de maior prestígio no Rio de Janeiro naquela época. Fez parte do Coral Brasileiro, integrado também por Bidu Sayão e Nascimento Silva. Gravou 21 discos, num total de 25 músicas. Apesar dos poucos registros, é considerada ainda hoje uma das grandes cantoras negras do país. Quando Yvonne era criança, Zaíra era uma referência, não apenas pelo talento, mas pela trajetória de vida.

Aos poucos, essas experiências, a dedicação ao estudo de teoria musical e a atenção à maneira como eram construídos a harmonia e os arranjos de peças do repertório do orfeão desenvolveram em Yvonne o gosto pela música. "Em casa, a gente sempre ouviu muito rádio, e eu me lembro bem de canções de Noel Rosa e outros compositores da época. Mas acho que o gosto pela música, de verdade, começou ali mesmo, no colégio interno. Eis o motivo: tínhamos aulas e apesar de só cantarmos hinos cívicos aquilo mexia com a gente."

Mexia não apenas emocionalmente, como explica Yvonne, mas também impunha às alunas extrema dedicação. Para garantir o respeito das demais colegas, da professora e, é claro, sentir-se realizada no dia-a-dia de estudante, ela não podia abrir mão de seu lugar no orfeão. Passava o dia pensando em música, até mesmo nos momentos de descanso, quando deixava o colégio para passar o fim de semana com a família. Essa imersão no meio musical se deu de forma tão intensa que a menina foi, aos poucos, compondo suas próprias melodias. O método era o mesmo que ela utiliza até hoje: a intuição. "Não gosto de letra, não. Deixo isso para os meus parceiros, acho letra uma coisa muito chata, que só deve fazer quem sabe mesmo. Só faço se não tiver jeito. Meu negócio é mesmo a melodia. E ela pode aparecer assim, de repente. Enquanto eu estou dormindo, caminhando, até mesmo enquanto a gente conversa. Neste momento pode aparecer uma idéia", provoca.

Foi assim com "Tiê-tiê", a primeira música, composta quando ela tinha 12 anos. "Estava em casa com meus primos mais velhos, Hélio e o irmão dele, Fuleiro. Eles me deram de presente um passarinho muito bonito, de um vermelho forte. Começamos a brincar com ele e, cantarolando, fizemos a música. Assim, só de brincadeira mesmo." Até os dias de hoje a canção faz parte do repertório da artista em suas apresentações.

Quanto ao primo Fuleiro, que desde cedo se mostrava decisivo para a caminhada de Yvonne pelas melodias, mais tarde seria um dos responsáveis pela sua ascensão como compositora. Tornou-se o "mestre" Fuleiro, compositor de sambas do Império Serrano. Era ele quem apresentava os primeiros sambas da prima nas rodas da escola, numa época em que jamais se poderia conceber uma mulher compositora. Até hoje, na sala de troféus da agremiação, em Madureira, há uma série de homenagens a ele. Em algumas, aparece a citação "monstro sagrado entre os compositores do Império". Mas isso é coisa para os próximos capítulos...

Enquanto isso, continua a questão: o que teria levado a menina a compor um samba se tudo o que ela havia aprendido em teoria musical, até então, aplicava-se ao universo erudito? Para Yvonne, a explicação deve ser buscada em seu universo familiar. "O samba estava muito presente na minha vida desde cedo, na casa dos meus tios, dos meus pais, e não era uma coisa malvista por eles, pelo contrário. Era apreciado, respeitado, e até incentivado."

Realidade bastante diferente o ritmo vivia do portão da casa de Yvonne para fora. Um famoso relato do compositor João da Baiana ilustra bem a condição do ritmo na época. Ele estava na Festa da Penha, um dos lugares mais freqüentados por sambistas nas décadas de 1920 e 1930. "A polícia perseguia a gente. Eu ia tocar pandeiro na Festa da Penha e a polícia me tomava o instrumento. Houve uma festa no morro da Graça, no palacete do senador Pinheiro Machado, e eu não fui. Ele perguntou pelo rapaz do pandeiro e mandou um recado para que eu fosse falar com ele no Senado. Quis saber por que eu não tinha ido à festa e expliquei que meu pandeiro havia sido confiscado pela polícia na Festa da Penha. Ele pegou um papel, escreveu uma ordem para que fizessem um novo pandeiro para mim com a seguinte dedicatória: 'A minha admiração, João da Baiana. Pinheiro Machado'."[7] A história de João da Baiana, no entanto, deixa claro o começo de um flerte entre o samba e a elite. Um movimento fundamental para que Yvonne desse voz à sua paixão.[8]

A mudança de patamar do "batuque", que passava de perseguido a ritmo da moda, transcorreu entre a infância e a adolescência de Yvonne. Decerto ela vivenciou o período em que o samba era visto como caso de polícia, no entanto, quando começou a pensar em suas próprias melodias o ritmo já não causava vergonha, mas orgulho. O Rio de Janeiro vivia o diálogo entre a cultura popular e a alta cultura.[9]

Além do contexto bastante peculiar e de transformação vivido pelo universo do samba nas décadas de 1920 a 1940, a infância de Yvonne foi marcada por processos de ruptura e mudanças que delinearam um novo sentido para sua vida. Ela passava os fins de semana, quinzenalmente, na casa da família, mas tinha no colégio uma espécie de lar coletivo, compartilhado com outras 300 meninas, cada uma de um lugar diferente, de um contexto diferente, com uma história de vida diferente. Todas, no entanto, recebiam um tratamento muito parecido quando deixavam suas famílias para viver entre os muros do internato. Tarefas, momentos de lazer, o cotidiano, enfim, eram bastante semelhantes. A relação de Yvonne com as demais inter-

---

[7] Ver Cabral, Sérgio, 1996.
[8] Ver Vianna, Hermano, 1995, e Freyre, 1933.
[9] Ver J. Gans, Herbert, 1974.

nas tornava-se cada vez mais intensa, e a menina costumava passar mais tempo com elas do que com seus parentes mais próximos. De tempos em tempos, no entanto, lá estava ela, de volta a uma casa onde havia certa liberdade e na qual o contato com meninos, fossem eles irmãos ou primos, era freqüente.

Entre os dois mundos havia, ainda, outro conflito: enquanto no colégio passava os dias estudando determinado gênero musical, sua teoria e aplicações, nos fins de semana, na casa dos familiares, não abria mão de escutar outro, não apenas distinto, mas, aos olhos da sociedade, quase oposto. Yvonne transitava entre diferentes mundos quase sempre, mediando as relações entre eles. Interpretava esses diferentes códigos e os traduzia, esclarecendo, levando essa vivência aos diferentes mundos dos quais participava. Ora aplicava os conhecimentos obtidos no colégio interno em casa, ora levava para o internato o comportamento herdado da família, abarcando em si todas essas noções, misturando os dois universos em um novo: o dela.

A idéia é fundamental para se compreender quem é esse indivíduo complexo, integrante de uma sociedade complexa, e que passeia por diferentes correntes de cultura, correntes essas não necessariamente percebidas, tampouco facilmente delimitáveis. Tomando emprestada a reflexão de Georg Simmel, segundo a qual, em princípio, o indivíduo que participar do maior número de redes, maior percepção terá de sua própria singularidade, notamos que, aos poucos, vai-se delineando um indivíduo sobremaneira destacado dos demais.[10] A própria compositora concorda com a tese. "Fui pro colégio interno, vi um mundo diferente. Voltava para casa, via outra coisa. Saía de novo, e mais uma coisa. Coloquei em minha vida um segmento, algo que minha irmã, por exemplo, não teve. Ela foi, depositou tudo no marido, se casou e virou doméstica. Acho que muito dessa diferença entre a gente se deve ao colégio interno", compara.

Destinos antagônicos para meninas de uma mesma família são mencionados no estudo sobre o abandono de garotas da favela ainda na infância, de Tania Salem. A autora levanta duas hipóteses de futuro (entre as mais prováveis) para aquelas crianças ou adolescentes que ficam órfãs muito cedo, ou se afastam definitivamente dos pais por algum outro motivo. Uma delas é que a experiência "dessas mulheres, na fase inicial de sua existência, ilumina as expectativas depositadas no casamento e, correlatamente, no homem... Tenha ele um caráter legal ou consensual, o fato é que o casamento vem sempre associado à idéia de 'melhorar de vida'". A outra possibilidade é a "aspiração de trabalhar para si, isto é, de poder controlar tanto o ritmo quanto o produto de seu trabalho".[11]

Gislene Aparecida dos Santos, em seu livro sobre o feminino negro, *Mulher negra, Homem branco*, fala da

---

[10] Ver Simmel, 1971.
[11] Ver Salem, 1981.

presença de dois arquétipos formadores da personalidade de um tipo feminino que não é o das mulheres fortes e bem-sucedidas, mas daquelas que "estão numa longa jornada para, à custa do trabalho de reconhecimento interior, se transformarem". As "cinderelas" teriam o "sentimento de orfandade (com todos os elementos de rejeição, abandono, baixa estima) e o desejo de ser salva".[12]

Em muitos momentos da infância, no entanto, a compositora e sua irmã dividiram as mesmas aflições e angústias. Pouco mais de dois anos após a ida de Yvonne para o colégio interno, as meninas sofreriam a segunda drástica ruptura em suas vidas, da qual ambas se lembram bastante bem: a morte precoce da mãe. Emerentina tinha apenas 33 anos e sofria de hipertensão arterial.

Quando recebeu a notícia de que estava órfã de pai e mãe, Yvonne teve a clara percepção de que há algum tempo vinha rompendo substancialmente a dependência do núcleo familiar. Já vivia no internato há cerca de dois anos, tinha as inspetoras e as colegas como principais referências femininas em sua vida e ainda ficara sem o mais forte vínculo com o mundo exterior ao colégio. A relação com os tios e primos era boa, estável, mas Yvonne tinha plena consciência de que nenhum deles devia a ela qualquer obrigação, muito pelo contrário. Eles já haviam ajudado bastante na criação de seus irmãos mais novos.

---

[12] Ver Santos, 2004.

Era grande o peso de ser uma menina de apenas 12 anos, negra e órfã de pai e mãe. "Isso cobrava de mim mais do que as garotas dessa idade costumam ser capazes de oferecer." No mesmo ano em que perdeu a mãe, ela viu ser aprovada a Constituição Federal que dava às mulheres direito ao voto e as igualava aos homens em termos de direitos trabalhistas. Era um momento de efervescência no país, em que elas começavam a deixar a posição de subalternas para cobrar reconhecimento e igualdade.

Sob a luz dessas novidades, permaneceu no Colégio Orsina da Fonseca. Quando de lá saía, seguia para a casa da tia Maria, que tomara para si os cuidados com os filhos da irmã, Emerentina. "Fiquei emancipada por minha conta mesmo. Minha mãe morreu, ninguém ficou tomando conta de mim. Com a idade de 12 anos, eu que resolvia tudo, me guiava. Vou dizer uma coisa: foi muito bom, porque me fez ser como sou hoje. Tudo o que fiz a partir daí foi por decisão própria. Eu que resolvi o meu caso como quis. Tudo veio da minha cabeça, sem ninguém me guiar. Lembranças tristes às vezes vêm, mas sou guerreira. Só não fui aquilo que não quis ser. O que usufruí e usufruo até a data presente é porque eu quis e fiz por onde", orgulha-se.

Quando fundamenta sua definição de homem cordial, em *Raízes do Brasil*, Sérgio Buarque de Holanda menciona casos de jovens que foram forçosamente afastados dos pais. Para o autor, tal perda impunha aos órfãos a necessidade de adquirir um senso de responsabilidade que até então nem sequer haviam imaginado ser preciso. Holanda ilustra sua hipótese com a história de Joaquim Nabuco: "Em nossa sociedade (...) são os órfãos, os abandonados, que vencem a luta, sobem e governam." E completa: "A perda da mãe na infância é um acontecimento fundamental que transforma o homem, mesmo quando ele não tem consciência do abalo. Desde esse dia ficava decidido que Nabuco pertenceria à forte família dos que se fazem asperamente por si mesmos, dos que anseiam por deixar o estreito aconchego da casa e procurar abrigo no vasto deserto do mundo."[13] Apesar do aparente exagero e da possível romantização da perda apresentados nessa visão — e levando em conta as notáveis diferenças entre o meio social de Nabuco, um dos principais incentivadores do abolicionismo, mas de família tradicional, integrante da elite brasileira, e o de Yvonne, oriunda da classe operária do Rio de Janeiro — podemos identificar nesse relato algumas semelhanças com a trajetória da compositora.

---

[13] Ver Holanda, 1936.

Três

Desafio e conquista

O que significava, então, ser uma menina negra e órfã na década de 1930, no Brasil? Caio Prado Júnior delineou o hiato existente entre masculino e feminino mostrando como, muito tempo antes, quando o país ainda era uma colônia portuguesa, aos homens era permitido ter relações com escravas ou com qualquer outra mulher, fora do casamento.[14] Quanto às mulheres, aquelas que "tirassem a sorte grande" e conseguissem casar, só o faziam mediante o cumprimento de algumas condições. A mais importante delas: ter um bom dote para pagar ao marido. Tratava-se, portanto, de uma situação de completa opressão social tanto para as mulheres mais pobres — a quem muitas vezes restava a condição de concubina — quanto para as casadas e ricas.

---

[14] Ver Junior, Caio Prado, 1996.

Em *Sobrados e mucambos*, Gilberto Freyre confirma essa tese, ressaltando que na sociedade patriarcal agrária a diferenciação entre feminino e masculino era sobremaneira intensa. Havia um duplo padrão de moralidade, segundo o qual o homem era livre e a mulher, um instrumento de satisfação sexual. Cabiam — e limitavam-se — a ela as tarefas do lar. As esposas brancas pertencentes à elite deveriam ser delicadas, em oposição ao sexo masculino, forte e dominador. Eles, por outro lado, estavam livres para usufruir a diversão e o convívio social que mais lhes aprouvessem.

Yvonne, uma mulher negra, tem, como tal, antepassados que se relacionavam de maneira subordinada à família patriarcal estudada por Freyre. O autor nos relata que "a escassez de mulheres brancas criou zonas de confraternização entre vencedores e vencidos, entre senhores e escravos. Sem deixarem de ser relações — as dos brancos com as mulheres de cor — de 'superiores' com 'inferiores' e, no maior número de casos, de senhores desabusados e sádicos com escravas passivas". A situação de opressão certamente aproximou o modo de vida europeu do ameríndio, como conclui Freyre, mas o fez de maneira que conduzisse a uma relação entre oprimido (negro) e opressor (branco).[15]

A obra focaliza sobretudo a época da escravidão no Brasil. Freyre, no entanto, entende que o convívio entre raças vivido após a aprovação da Lei Áurea — que

---

[15] Ver Freyre, 2005.

tornou a prática inconstitucional em nosso país — foi fortemente abalado pela relação fundadora entre a casa-grande e a senzala. A questão apontada por Freyre remete à maneira de enxergarmos o negro em nossa sociedade, que atingiu, de forma direta, a vida de Yvonne Lara. Ela própria aponta o fato de ser negra como uma das barreiras que enfrentou no início da carreira. Tinha como exemplo o caso da professora Zaíra de Oliveira, que quando venceu o concurso da Escola de Música não pôde receber o prêmio por causa da cor de sua pele. Tais situações ilustram a importância da análise de Gilberto Freyre para tentarmos compreender os fatores que levaram Yvonne a alcançar o sucesso tão tardiamente, já na maturidade. "O negro nos aparece no Brasil, através de toda nossa vida colonial e da nossa primeira fase de vida independente, deformado pela escravidão", diz Freyre em *Casa-grande e senzala*, afirmando, ainda, ser extremamente duradoura essa maneira de vermos o afrodescendente em nosso país: "Sempre que consideramos a influência do negro sobre a vida íntima do brasileiro, é a ação do escravo, e não a do negro, por si, que apreciamos."

Quando aborda as relações entre a família patriarcal e as pessoas "de cor", Freyre se refere ao movimento que atingiu descendentes de escravos, como Yvonne. Na década que mencionamos como aquela em que a compositora perdera a mãe e começara a viver a adolescência — os anos 1930 — começava a se delinear uma aura de mudança na estrutura patriarcal da sociedade brasileira.

Era o período da revolução que levaria Getúlio Vargas ao poder. Fase em que ocorreriam também alterações estruturais na economia e na política nacionais que motivariam transformações sociais. Nesse período foi criado o Ministério do Trabalho, Indústria e Comércio e surgiram as primeiras leis trabalhistas. Era o início do crescimento da indústria brasileira, que exigia o incremento da mão-de-obra nacional. Surgia a figura da mulher operária, que deixava de lado a obrigação de ficar em casa para trabalhar fora, em fábricas, no comércio.

No caso de Yvonne, se por um lado ela acredita que o fato de ser negra pesou em seu tardio reconhecimento como artista, por outro sua origem racial proporcionou a sua família, a seu núcleo de sociabilidade imediato, um importante legado das sociedades matriarcais africanas. Segundo Santos, a imagem da mulher africana como matriarca, forte batalhadora, capaz de vencer obstáculos na luta por sua vida e pela de seus filhos "certamente esteve e está vinculada às mulheres negras ao longo de sua história tanto na África quanto nos países da diáspora".[16] A estrutura africana matriarcal se fez valer em vários momentos da vida de Yvonne. No terreiro de candomblé que sua tia freqüentava, por exemplo, é a mãe-de-santo quem detém a posição de maior prestígio e poder. Trata-se do "posto mais elevado da hierarquia espiritual", da "chefe espiritual do terreiro".[17]

---

[16] Ver Santos, 2004.
[17] Ver Maggie, 2001.

Assim, não seria exagero pensar que a estrutura matriarcal — com uma liderança feminina obrigatoriamente vivida durante os rituais de possessão — se transpunha às relações entre familiares, vizinhos e amigos da compositora. Em face da organização da sociedade brasileira, o conjunto "mulher negra" trazia, sem dúvida, uma forte carga de opressão, mas em alguns dos subuniversos integrados por Yvonne Lara podia, de outro modo, conferir certa autoridade.

Enquanto todas essas novidades efervesciam, Yvonne passou a morar na casa da tia, que se mudou para Madureira, no subúrbio do Rio, para uma casa maior, onde pôde acolher todos os sobrinhos. Na época, o bairro já era — do ponto de vista socioeconômico e cultural — uma espécie de núcleo central do subúrbio carioca. Apesar de menos desenvolvido do que outras partes da capital (a luz elétrica chegou tardiamente, o comércio nem de perto lembrava os atuais mercadões, cheios de lojas, e os bondes ainda eram puxados por burros), o lugar tinha uma característica própria, que o diferençava dos demais: os moradores.

Eram pessoas geralmente oriundas de zonas rurais, que vinham para a cidade grande à procura de melhores oportunidades. Naquela área, encontravam aluguel barato e razoável qualidade de vida. Eram grandes grupos de baixa renda, muitos formados por amigos, que vinham da mesma região. Desenvolveram, então, uma cultura própria, mais parecida com a da "roça" e em oposição à urbana. Apesar da brusca mudança do campo para a cidade, parte dos moradores de Madureira insistia em manter tradições rurais, entre elas o carnaval, realizado exatamente como o era fora dos grandes centros urbanos.[18] Eles ignoravam algumas das novas imposições da vida na metrópole, fechando-se em tradições arraigadas em sua cultura e preferindo os antigos hábitos rurais a certos modismos da primeira metade do século XX. Por se situar longe do centro do Rio, e contar com poucas possibilidades de comunicação, o bairro sentia menos os movimentos provocados pela urbanização da cidade, tendo uma cultura mais cristalizada, "desenvolvida sem submissão a um processo muito forte de descaracterização, que fatalmente ocorreria se o contato com a chamada classe média fosse mais estreito... Diversão: cinema, teatro, concerto, o que é isso? Um bom baile de calango, os blocos do seu Zacarias, as pastorinhas, até a ladainha da dona Maria, um jongo, um bom pagode, isso tudo reunia e congregava aquele povo".[19]

Todas essas manifestações culturais faziam parte da rotina de Yvonne, dos 12 anos até a maioridade, sempre que deixava o colégio e ia passar uns dias na casa da tia. Eram quase obrigatórias, nos fins de semana, as

---

[18] Em *A metrópole e a vida mental*, escrito em 1902, Simmel menciona as alterações sociais e psicológicas que atingem os moradores dos novos centros urbanos, surgidos na época da Revolução Industrial. Para o autor, o excesso de estímulos que esse novo meio oferecia fazia com que os indivíduos desenvolvessem, como defesa, uma relação *blasé* de indiferença em relação a essa nova situação.
[19] Ver Silva, 1981.

festas, as rodas de samba e de chorinho e os encontros musicais. O único ritmo que, para a menina, ainda consistia em um grande mistério era o jongo — uma dança de origem africana; no Brasil, freqüentemente ligada a grupos umbandistas —, porque, naquela época, ela era jovem demais para ser admitida como espectadora. Até muito recentemente — por volta da década de 1990 — era proibido a crianças freqüentar as rodas de jongo, pois acreditava-se que alguns "pontos" jogados pelos participantes poderiam trazer, a quem os recebesse, um feitiço difícil de ser retirado. Os pequenos eram considerados incapazes de se livrar desses feitiços, devendo, portanto, ficar sempre bem afastados do grupo. "Minha tia mais velha, Tereza, mãe de Fuleiro, dançava muito jongo. Ela morreu com mais de cem anos e até bem velha continuava dançando. Só sei que ela era boa porque vi quando era mais velha. Quando criança, nem me atrevia a passar perto", conta.

Quando deixou o internato, aos 18 anos, a compositora foi morar de vez com a tia Maria e os irmãos. Assim, as despesas da casa — que já eram altas demais para a minguada receita da família — cresceram bastante. O tio, então, chamou Yvonne para conversar e propôs a ela que procurasse um trabalho. Caso não encontrasse, ele próprio se incumbiria de empregá-la na fábrica de tecidos em que seus primos trabalhavam. "Mas eu não queria ser operária. Pensava em trabalhar, em fazer minha independência, e onde quer que eu estivesse, ajudar meus tios, que eram muito pobres, mas não queria que fosse assim. Até que um dia eu li no jornal que estava sendo aberto concurso para a Escola de Enfermagem Alfredo Pinto. O curso de enfermagem era o único de graça, então escolhi esse mesmo, não tive muita opção. Meu tio repetiu que se eu não passasse, faria qualquer outra coisa. Fiz o concurso e fui aprovada entre os dez primeiros colocados." Na época, aqueles que passavam nas primeiras posições tinham direito a uma bolsa de estudos, no valor de 60 mil-réis. "Eu dava tudo o que recebia para a minha tia, que comprava meus sapatos, e cobria as despesas da casa." Foram quatro anos de estudo.

Mas fazer carreira na enfermagem, à época, significava muito mais do que "a única opção por ser um curso gratuito". Era uma possibilidade concreta de crescimento econômico e social, de conquistar um emprego seguro, estável — e, sem dúvida, mais rentável do que o da maior parte dos familiares e amigos, que sempre tiveram pouco dinheiro. Para a jovem, a maior preocupação era ter estabilidade. "Preferi fazer um curso direitinho, estudar, me formar. De que adiantava eu saber cantar e não ter uma profissão, uma carteira assinada pelo governo? Quem ia cuidar de mim? Desde cedo aprendi que quem tinha que cuidar de mim era eu mesma. Naquela época a música era uma coisa muito ingrata, não dava estabilidade a ninguém, e eu queria estabilidade."

Yvonne recorda-se de que a procura pelo curso da Escola de Enfermagem Alfredo Pinto era algo bastante recorrente entre as meninas da mesma condição social que a de sua família. "Muita gente fazia enfermagem. Eu mesma trabalhei com uma porção de pessoas do meio do samba dentro dos hospitais. O pessoal que morava na zona norte, que não tinha muito dinheiro, via nisso a chance de mudar de vida. Trabalhei, por exemplo, com a mãe do Paulinho da Viola, mulher de seu Paulo Faria, que já era músico respeitado. Mas ela mantinha o seu emprego estável. Era importante e mais seguro ter alguém com salário fixo", analisa Yvonne.

A Escola de Enfermagem acabara de receber oficialmente o nome de Alfredo Pinto, pelo decreto-lei 4.725, assinado pelo então presidente Getúlio Vargas, em 22 de setembro de 1942. Na mesma data, outro decreto, o 10.472, aprovava o regulamento da instituição, determinando como deveria ser o curso e que exigências técnicas deveriam ser obedecidas para se alcançar o objetivo de preparar enfermeiros-auxiliares para os serviços sanitários e assistenciais e promover a especialização, em serviços psiquiátricos de enfermeiros com diploma. O presidente determinava, ainda, que a partir daquela data a escola, até então dividida em núcleos masculino e feminino, passaria a funcionar em uma única unidade mista, na avenida Pasteur, na Praia Vermelha.

Na época, o Rio de Janeiro ainda era a capital do país, e os cursos para formar profissionais da chamada "Assistência a Psicopatas no Distrito Federal" tinham a duração de dois anos. Terminando esse período, os alunos recebiam o diploma de enfermeiro. Entre as disciplinas estudadas no primeiro ano estavam enfermagem elementar, administração e organização sanitárias, noções gerais de ciências físicas e naturais, noções gerais de higiene e patologia, noções gerais de anatomia e fisiologia e ética. No segundo ano havia outras, mais relacionadas à prática do trabalho em tratamento de "doentes mentais", como dietética, enfermagem médica, noções práticas de clínica e farmácia, noções práticas de pequenas cirurgias, ginecologia e obstetrícia, enfermagem cirúrgica, técnica terapêutica geral e especializada, noções de medicina social e serviços de assistência médico-social. Esta última era a disciplina de que Yvonne mais gostava, e as aulas despertaram na estudante a vontade de seguir outra especialidade.

Quatro
Trabalho ou lazer?

Em 1943, a recém-formada enfermeira foi trabalhar no bloco médico-cirúrgico da Colônia Juliano Moreira, em Jacarepaguá, zona oeste do Rio. Inaugurada em 29 de março de 1924, a instituição psiquiátrica era referência em atendimento à saúde mental. Desde a sua fundação até o início dos anos 1980, administrada pelo governo federal, era destino quase certo de pacientes considerados irrecuperáveis. Yvonne recebia pessoas que apresentavam diversos tipos de doenças, mas, com mais freqüência, aqueles em estado grave, pois era plantonista na emergência.

Na época, ela já havia trocado a casa da tia, que já não tinha condições de sustentar a todos, pela de outro irmão de sua mãe, o tio Dionísio. Ele era funcionário público e trabalhava como motorista de ambulância da rede pública de saúde. Nas horas vagas, estudava música.

Exímio tocador de violão de sete cordas, compunha choros e costumava dar festas em casa, reunindo grandes amigos — quase todos do meio musical. Foi ele quem ensinou Yvonne a tocar cavaquinho quando ela tinha pouco mais de 12 anos. "Lembro de conhecer bem Pixinguinha, Jacob do Bandolim, esses músicos daquela época. Iam todos para a casa do tio Dionísio para as rodas de choro. Cada um mostrava suas composições e nós ficávamos ouvindo. Eu prestava muita atenção, não perdia um detalhe dos arranjos, de nada. Além de tocar choro, ele fazia umas marchas de rancho. Mas a gente era criança, não podia sair no rancho. Então, ficávamos lá, todos juntos, eu e meus primos, vendo ele fazer as músicas. Ele ensinava a gente a cantar, educou muito o ouvido da gente, a gente cantava hinos, marchas. Mas nenhum dos meus primos deu para músico. Cada um fez uma coisa. Teve um que virou professor de universidade, outra, enfermeira..." Yvonne ainda não era uma compositora profissional. Via na música um momento de lazer, mas nunca uma profissão. O samba não lhe dava qualquer gratificação financeira. As rodas ficavam limitadas ao tempo ocioso, aos momentos de folga do trabalho formal. "Não pensava nunca em ser compositora. Cantava por cantar. Gostava de ouvir Ângela Maria, Emilinha Borba, essas coisas. Para mim, elas eram pessoas especiais, divas mesmo; aquelas que têm um talento muito acima dos outros, que têm uma postura diferente, e isso é muito importante. A única coisa em que eu pensava era em trabalhar e fazer minha independência."

Ainda assim, a jovem compunha com bastante freqüência, mas só mostrava o resultado a pessoas muito próximas, ocasionalmente. Durante toda a sua vida como funcionária pública jamais vislumbrou na música um futuro promissor. Passou a dedicar-se exclusivamente à carreira artística somente depois da aposentadoria. Compor, cantar, sambar não eram vistos como profissões. "Eu gostava de estar no meio dos sambistas, me divertia com eles, extravasava minhas tristezas. Mas era só o meu lazer, e nunca deixei isso atrapalhar a profissão."

Ela tinha, sim, o projeto de tornar-se compositora, mas também fazia parte desse objetivo estabelecer-se como assalariada formal, com carteira assinada, e garantir a estabilidade financeira que poucos de seus familiares e amigos músicos conseguiram ter. "Apesar de amar a música e pensar nela o tempo todo, tinha minhas responsabilidades e nunca faltava com elas", afirma. Encarava a composição como uma atividade qualquer, mas não como uma "responsabilidade", no sentido próprio da palavra. Até a aposentadoria, ela se apresentava às pessoas como "Yvonne Lara, assistente social" e não como cantora ou compositora.

Tal comportamento condiz com o ambiente em que ela viveu e, principalmente, com os legitimadores de suas ações. A principal influência, nesse sentido, era a prima Maria de Lurdes da Silva, enfermeira, poucos anos mais velha que a compositora. Era a melhor amiga e maior confidente. Yvonne não nega que até mesmo a escolha profissional teve um empurrãozinho de Maria de Lurdes. "Me espelhava muito nela. Ela era perfeita. Eu sei que não existe ninguém perfeito, mas ela era. Tinha juízo, eu tinha um respeito enorme por ela, e ela me dava bons conselhos sobre tudo."

Foi a prima quem explicou a Yvonne que "naquele tempo era importante para a mulher conquistar a própria independência, principalmente a financeira". Sem conseguir manter-se muito tempo distante do samba, ela ia a festas sempre que tinha um dia de folga. Desfilava apenas no carnaval, quando estava de férias. Mas nada além disso. Tampouco era uma daquelas sambistas que "se doíam" caso não pudessem ir a uma roda por causa do trabalho. "Minha responsabilidade era a coisa mais importante, não podia faltar com ela. Depois vinha o lazer", repete.

No caso de Yvonne, a vontade de tornar-se uma profissional melhor não provinha apenas de condições internas — inerentes à sua posição no mundo, do ponto de vista de gênero, classe e raça —, mas também do fato de ela ter tão próximo de si uma pessoa apontada como modelo de perfeição.

O que era visto como uma performance importante a ser desempenhada, para Yvonne, naquela época, era diferente da concepção atual. Ser a melhor compositora não conferia um status representativo. Naquele contexto, ter um emprego estável — mesmo com um salário menor do que o dos grandes nomes da música — a levava mais perto do que considerava ser a possibilidade mais promissora para uma jovem negra de origem social humilde. Num primeiro momento, seu projeto de vida orientava-se no sentido de conquistar, de maneira duradoura, a segurança familiar e financeira que não chegou a ter na própria casa. Tratava-se de uma escolha consciente, mas não permanente. Ao longo de sua vida, as categorias de relevância vão se alternando. Há, sim, um destaque para o desejo de se tornar alguém, de construir o próprio destino, mas esse "devir" se relaciona com a experiência, e está sempre em movimento.

Para Yvonne, esses múltiplos planos com os quais ela se defronta têm relevância distinta. Howard Becker fala em "graus de adesão" diferenciados,[20] ao analisar a carreira dos músicos de jazz americanos. Ele utiliza o conceito de carreira trabalhado por Everett Hughes: o de uma "seqüência de movimentos, de uma posição para outra, dentro de um sistema ocupacional realizado por alguém que trabalhe neste sistema: inclui também a noção de 'contingência de carreira', ou seja, aqueles fatores dos quais depende a mobilidade de uma posição para outra".[21]

Nessa fase de sua vida, o grau de adesão, o compromisso de Yvonne com a enfermagem é certamente bem maior do que com o samba. Tendo ainda Hughes como referência, e pensando nesse compromisso (*commit-*

---

[20] Ver Becker, 1976.
[21] Ver Hughes, 1971.

ment) como o "processo por meio do qual diversos tipos de interesse se tornam ligados à preservação de determinadas linhas de conduta que lhes parecem ser formalmente afastadas", ou, ainda, pensando em Becker, para quem trata-se de "mecanismos específicos que provocam constrangimentos ao comportamento do ator social", nota-se que Yvonne possuía uma série de motivações para dar preferência à carreira de enfermeira, e elas não se limitam à estabilidade financeira. Em seus relatos sobre esse momento em particular, ela surge como um indivíduo "comprometido" com a opinião alheia, com as regras do núcleo familiar em que estava inserida: trabalhar duro, ganhar dinheiro, ter segurança e fugir da chamada "malandragem". Becker ressalta que, assim como aqueles que seguem as ditas "carreiras convencionais", como médicos, ou enfermeiras, os músicos têm suas posições influenciadas pelo sistema de recompensas e retribuições, pela opinião de amigos e parentes com quem convivem, pela vizinhança, enfim, por esferas que constituem grupos de influência.[22]

No caso de Yvonne, além da prima, também exercia grande influência seu tio Dionísio. O motorista de ambulância tinha um grande mérito, segundo Yvonne: "botava arroz e feijão na mesa, trabalhava muito e ainda fazia música nas horas vagas." Essas ações, que denotavam grande sacrifício, eram bastante admiradas pela jo-

---

[22] Ver Becker, 1963.

vem. Formava-se, assim, o principal grupo de referência para a menina, naquela época. Tia Maria, que a criou após a morte da mãe, também não estimulava a carreira de compositora. "Ela achava que isso naturalmente fosse me prejudicar. Antigamente o samba não era bem visto, sabe? Principalmente por mulher. Mulher não podia fazer. Minha tia achava que eu, fazendo um curso de faculdade, não devia me meter nesses lugares", conclui.

Em 1945, a jovem decidiu se inscrever em um curso para se tornar assistente social. Era a primeira turma de estudantes e a profissão não fora sequer regulamentada. Pode parecer ousadia, mas tratava-se, uma vez mais, da busca da almejada estabilidade. A especialização era garantia de emprego. Ao fim do curso, com duração de dois anos, o aluno recebia um diploma assinado pelo diretor-geral da Assistência Médico-Legal de Alienados. De posse dele, tornava-se fácil conseguir trabalho em hospitais da rede estadual de saúde. Bastavam 25 anos para que o assistente social se aposentasse. Somado a tudo isso, estava o genuíno interesse de Yvonne pela profissão, desde que cursou a disciplina no curso de enfermagem.

A moça dedicou-se muito durante esses dois anos de estudo. E o investimento teve o final esperado. Assim que se formou, em 1947, a jovem foi contratada como funcionária do Centro Psiquiátrico Nacional Pedro II, no Engenho de Dentro, onde permaneceu até aposentar-se, em 1977. "Era um trabalho ótimo. Tratar de doente não é nem um pouco estressante. A doutora

Nise da Silveira era minha supervisora no serviço social. Ela ainda não tinha fundado a Casa das Palmeiras nem começado a fazer tratamentos tão revolucionários, mas já sabia que era importante avaliar a família dos pacientes."

Nise da Silveira acabava de ser reintegrada ao serviço público. Militante da Aliança Nacional Libertadora, foi denunciada por uma enfermeira pela posse de livros marxistas durante a Intentona Comunista. Por isso, em 1936, foi levada para o Presídio Lemos de Brito, na rua Frei Caneca, no centro do Rio de Janeiro, onde ficou por 15 meses. Até 1944 permaneceu afastada por questões políticas, e quando voltou ao trabalho, no Instituto de Psiquiatria do Engenho de Dentro, deu início a uma luta contra as técnicas que considerava agressivas aos pacientes, como eletrochoque e lobotomia. Mais uma vez, soava radical demais para os padrões da época. Foi então transferida para o trabalho com terapia ocupacional, atividade menos valorizada pela classe médica. Em 1946, fundou a "Seção de Terapêutica Ocupacional", abolindo as atividades de limpeza e manutenção exercidas pelos pacientes e substituindo-as pela arte.

A função de Yvonne era cuidar da manutenção dos internos com o mundo exterior, sobretudo com suas famílias. Fazia relatórios narrando o comportamento deles em casa, com os parentes. "Eram todos observados. Aprendi muito sobre as pessoas, com ela e com esse trabalho. A doutora Nise tinha uma sala grande e dizia que também precisava de gente para programar o que chamava de 'dia para os doentes'." Yvonne recorda-se que, mesmo no trabalho, acabava dirigindo-se para atividades voltadas à música. "Nesses dias especiais, a gente organizava alguns internos que queriam se apresentar, dançar, cantar, e eram essas as atividades mais estimuladas pelo método da doutora Nise, que começava a ser posto em prática. Então a gente passava o dia inteiro com eles. Tinha um doente, por exemplo, que se chamava Ribamar, que fez parte da Orquestra Tabajara. Outro tinha o apelido de Xerife, e tocava piano muito bem. Às vezes a gente ficava horas ouvindo." A jovem passava o dia dedicando-se a esse trabalho no hospital, e quando saía da clínica ia direto para a casa do tio.

As rodas de samba continuavam freqüentes, mas ela já não podia participar com tanta assiduidade. Conciliar o trabalho ao lazer tornara-se uma missão difícil, e a jovem precisou desenvolver algumas estratégias para não abrir mão de nenhum dos dois. Uma delas era programar as férias no Instituto de Psiquiatria para o mês de fevereiro. Assim, cumpria com todas as suas responsabilidades e podia estar presente no momento mais importante: o desfile de carnaval.

Saía no chão, acompanhando as alas mais tradicionais da escola de samba Prazer da Serrinha. A agremiação havia sido fundada no final da década de 1920, e Yvonne não chegou a acompanhar de perto esse processo. Em sua juventude, no entanto, freqüentava a casa de seu Alfredo Costa, um mineiro que comemorava o carnaval com uma euforia de deixar qualquer carioca impressionado. Era um "mulato forte, cabelos bem cortados, olhar incisivo e bigodinho fino. Mestre-sala dos bons, pai-de-santo e jongueiro. Sua mulher, Aracy Costa, era dona Iaiá para os íntimos. Irmã de Euzébio Delfino Coelho, compositor lembrado até hoje pelos companheiros como um 'bamba' de verdade".[23] Aos poucos, a casa da família Costa transformou-se no ponto de encontro e de diversão de todos os moradores da Serrinha, morro próximo a Madureira, que até hoje se confunde com o bairro.

Foi Alfredo Costa quem, influenciado pela vitória da Portela no carnaval de 1929, fundou a agremiação. Ele era o presidente, diretor, organizador, dono, mestre-sala... Seu cunhado, o compositor e diretor de harmonia. O irmão, assessor. A escola era muito organizada, e todo o trabalho era feito em família. Yvonne relacionava-se com a escola como mais uma foliã apaixonada. Por pouco tempo. Aos 26 anos, ela entraria para a família de verdade, ao casar-se com Oscar. O eleito era filho de seu Alfredo e dona Iaiá. Mas essa é uma outra história.

---

[23] Ver Silva, 1981.

Cinco

Uma outra história

Em 1926, Paulo Benjamin de Oliveira, Antônio da Silva Caetano e Antônio Rufino dos Reis, três rapazes de Oswaldo Cruz — bairro vizinho de Madureira —, ligados aos blocos carnavalescos da região, resolveram formar um conjunto distinto daqueles que há tantos anos faziam sucesso nas festividades cariocas. Reuniram-se algumas vezes, conversaram sobre como seria sua organização, quem poderia integrá-lo, de que modo participariam das festas de carnaval. Queriam algo diferente dos blocos. Decidiram, então, fundar uma agremiação, batizada como "Escola de Samba Oswaldo Cruz". Durante algum tempo, ela seria conhecida como "Vai Como Pode", até que, nove anos mais tarde, se transformaria no Grêmio Recreativo Escola de Samba da Portela.

A notícia da criação de um "bloco diferente" espalhou-se pela região e os moradores de Madureira —, especialmente os do morro da Serrinha, muito ligados ao carnaval — procuraram saber mais sobre a novidade. Não era apenas a estrutura do grupo que havia mudado. Também as canções e a "levada" que embalava os foliões eram extremamente inovadoras. Aos poucos, as marchas executadas pelos blocos do bairro foram sendo substituídas pela batida sincopada do samba. Em 1930, o ritmo já era o mais tocado no carnaval daquelas bandas.

No mesmo ano, foi fundada, por Alfredo Costa, a Prazer da Serrinha. Oscar Costa era filho de seu Alfredo. Saía na bateria, mas, segundo Yvonne, era muito diferente dos demais rapazes ligados ao carnaval. Era calmo, discreto e trocava qualquer farra ou noitada por uma boa conversa. Silas de Oliveira, um jovem de temperamento semelhante e morador dos arredores, era sua companhia mais freqüente. Foi pelas mãos de Oscar que Silas — que se tornaria um dos maiores compositores de sambas-enredo do Brasil — chegou até a Prazer da Serrinha.

Em 1933, Silas já integrava a ala de compositores da escola, liderada por "mestre" Delfino e composta, ainda, por Bacalhau, Manula, Penteado, Décio, Comprido e Manoel. Dois anos mais tarde, compôs, com Manula, seu primeiro samba-enredo, "Sem perdão", desfilado naquele mesmo ano pela agremiação.

Nessa época, as escolas de samba já eram uma instituição importante para os participantes do carnaval. Os desfiles competitivos começaram em 1932 e, pou-

Dona Ivone Lara e Beth Carvalho, parceiras em diversos shows.
André Teixeira/Arquivo Agência O Globo

Ao lado de Alcione, uma de suas cantoras preferidas.
André Teixeira/Arquivo Agência O Globo

O grande compositor da Mangueira, Nelson Sargento,
reverencia a grande compositora do Império.
Marcos Ramos/Arquivo Agência O Globo

Teresa Cristina é apontada por Dona Ivone como uma das compositoras mais talentosas da nova geração.

Marcos Ramos/Arquivo Agência O Globo

Com o neto André, companhia constante e parceiro musical.
Paulo Moreira/Arquivo Agência O Globo

Quando ainda conciliava o samba e a carreira de assistente social.
Paulo Moreira/Arquivo Agência O Globo

Em mais um carnaval, levando na fantasia o dourado que a acompanhou em muitos figurinos.
Arquivo Agência O Globo

Em casa, posando para a foto.
Paulo Moreira/Arquivo Agência O Globo

Mantendo a tradição, desfila na ala das baianas do Império Serrano.
Jorge William/Arquivo Agência O Globo

cos anos depois, a dedicação à empreitada já tomava grande parte do tempo dos participantes. Era um ano inteiro de trabalho para atravessar a praça Onze exibindo o resultado. Fazer parte da ala dos compositores conferia ao folião um papel de destaque, de respeito na comunidade.

Essa situação tornou-se ainda mais notória quando, em setembro de 1934, foi fundada a União Geral das Escolas de Samba, instituição criada para dar respaldo e defender as escolas e seus componentes. A Prazer da Serrinha estava entre as menores agremiações. Não chegou a ganhar nenhum campeonato, mas a mobilização permanente dos integrantes da escola para "fazer o carnaval" provocou na região uma efervescência cultural que poucos celeiros do samba vislumbraram na época. Os registros sobre o morro da Serrinha referem-se a um ambiente que tornava perenes riquezas e tradições culturais que já haviam se extinguido de quase todos os outros redutos cariocas, ou ainda, segundo relato da própria Yvonne, "era um lugar onde todo mundo sabia sambar, todo mundo falava e pensava no carnaval."[24]

Embalados pelas tradições encontradas em cada esquina da região, muitos compositores descobriram no jongo uma grande influência. Os ensaios da Prazer da Serrinha eram feitos no terreiro de seu Alfredo Costa, que conciliava as atividades de presidente e fundador da escola com a de respeitado e conhecido pai-de-santo,

---

[24] Ver Silva, 1981, e para mais informações, Castro, 1998.

responsável pela organização de rodas de jongo. A dança fazia parte das celebrações em quase todas as grandes agremiações nas décadas de 1920 e 1930.

Yvonne, na época uma menina, não podia acompanhar as rodas. Os jovens ficavam de fora, observando, enquanto os mais velhos participavam. Quem quisesse conhecer os segredos ou "mirongas" do jongo e os fundamentos de seus pontos deveria demonstrar muita dedicação e respeito e só a partir do seu total domínio poderia participar do encontro. Isso se explica pelo fato de que os praticantes da dança acreditavam que a linguagem metafórica, cifrada dos cânticos, poderia fazer mal a quem não soubesse decifrá-la. Não responder (ou desatar) um ponto, segundo eles, causava grande mal à pessoa, que ficaria enfeitiçada, amarrada, chegando a desmaiar, perder a voz ou mesmo morrer.

Nos dias de hoje, tal regra já não é mais aplicada. Temendo que o jongo desaparecesse — pois atualmente ele sobrevive apenas em algumas poucas comunidades fluminenses —, os mais velhos decidiram evitar os pontos cifrados e permitir a entrada dos jovens na roda. Yvonne recorda-se que, em sua infância, não podia sequer aproximar-se da dança, mas ouvia o ritmo ao longe, imaginando o que se passava naquele universo proibido. Ela prestava muita atenção nos relatos dos que costumavam acompanhar o ritual. Muitos diziam que, no momento em que sua tia Tereza entrava na roda, todos paravam para admirá-la.

Marília Barbosa da Silva relata algumas de suas conversas com antigos jongueiros da Serrinha, ocorridas no final da década de 1970, nas quais eles reafirmavam esse caráter misterioso do jongo e a preocupação dos mais velhos, inclusive de Tereza, em manter o respeito às tradições. "Todos os entrevistados não hesitaram em considerar o jongo uma dança com 'fundamentos religiosos', uma 'dança das almas', e contaram abundantes histórias de encantamento e feitiços referentes àqueles que desrespeitavam o jongo. Tia Tereza (mãe de Fuleiro) negou-se a ensinar o jongo a uma das netas porque a moça não o levava a sério. Ensinou-o, entretanto, a outra que acreditava em tradições."

Yvonne enquadra-se entre aquelas que seguiam as tradições. "Tínhamos um temor de desrespeitar aquilo, sabe? Não era só o medo de acontecer o pior, do feitiço, mas de decepcionar os mais velhos e pôr a perder aqueles costumes que nossos ancestrais traziam com eles há tanto tempo. O jongo é místico, é como uma religião."

Quando atingiu a idade permitida, Yvonne passou a freqüentar as rodas de jongo na casa de seu Alfredo Costa e dona Iaiá. Compunha com ainda mais freqüência, mas ainda o fazia em segredo. "Imagine: uma mulher fazendo samba! Tinha muito preconceito, era muito difícil." Encontrava-se, então, em uma situação complicada: temia tornar públicos os seus sambas, imaginando que eles poderiam ser rechaçados, de antemão, pelo simples fato de ela ser mulher. Todavia, desejava que suas músicas fossem ouvidas, queria saber o que pensariam os grandes sambistas da época, o público, os críticos. Queria mostrar suas canções, mas não sabia como.

Depois de muito pensar, Yvonne toma uma decisão: procura o primo, mestre Fuleiro, e propõe que ele apresente as canções dela como se dele fossem. Ele, que acompanhava havia tantos anos a dedicação da prima à composição e acreditava na qualidade do trabalho, aceitou de primeira. Sempre que a jovem chegava com alguma novidade, lá ia Fuleiro mostrar aos amigos. "Era um sucesso. Ele tocava e todo mundo gostava, elogiava, perguntava de onde ele tinha tirado a idéia. Eu ficava de perto, vendo aquilo, ouvindo o que diziam, e pensando que era tudo meu. Mas não dava raiva o preconceito, não. Dava era orgulho de ver que o povo gostava."

Yvonne submetia-se, respeitando aquilo que acreditava serem "os limites naturais" para uma mulher negra. Não tinha coragem (ou "despeito", como ela prefere dizer) de impor suas canções. Ainda assim, decide como, quando e a quem mostrar seus sambas. É sua a opção de seguir a carreira de enfermeira e deixar de lado as composições durante boa parte de sua vida adulta. Trata-se de um sujeito ativo, ator em sua biografia, mas também de um sujeito condicionado a fazer escolhas. Para Yvonne, simplesmente não se colocava a possibilidade de esperar calmamente a vida encarregar-se de "fazer as coisas acontecerem".

Apesar de não afirmá-lo explicitamente, ela parece não acreditar na existência do destino. A idéia de que haveria um "poder impessoal, que representa a necessidade e a justiça das disposições da natureza", ou de que existiria, para todos, uma "força involuntária que nasce com o indivíduo"[25] — assim como a beleza e o talento —, é desconsiderada na trajetória da compositora. Apesar da ligação com o jongo, Yvonne não acredita que as coisas boas ou ruins que aconteceram em sua vida sejam resultado de algum poder divino, de algum orixá ou de qualquer outro ser onipotente. Para ela, cada indivíduo constrói o próprio futuro, sendo capaz de mudá-lo a qualquer instante.

Por outro lado, concebe o talento como uma dádiva, algo que já nasceria com cada pessoa. Em seus relatos, sempre descreve a composição de sambas como um dom. É como se seu discurso estivesse permeado pela intencionalidade, ou, ainda, como se fosse capaz de decidir o que iria ou não tomar parte em seu destino. Ela era o próprio destino.

Esse modo de encarar a vida fez com que Yvonne "atropelasse" qualquer indicativo de que — por ser mulher, negra e de classe baixa — já teria seu "destino" traçado. Nesse sentido, ela recorda-se de alguns dos questionamentos que se fez a respeito de como seria sua vida adulta: "Muitas das pessoas com quem convivi viraram donas-de-casa. Minha irmã, minhas amigas.

---

[25] Ver Fortes, 1983.

E não tenho nada contra isso. Mas era uma idéia de que a mulher pobre e negra tinha que casar cedo, cuidar do marido e da casa, se não poderia acontecer o pior e ela ficar solteira, sem nada. Mas é a gente mesmo que faz as coisas acontecerem na nossa vida, ué! Não entendo essa idéia, acho que ela impede a pessoa de ter uma vida melhor, entende?"

Vale lembrar, uma vez mais, que nessa época — final da década de 1940 e início dos anos 1950 —, quando Yvonne começava a ouvir suas canções serem executadas por sambistas de prestígio, o ritmo já era respeitado e considerado um representante maior da brasilidade, da autenticidade do povo brasileiro. Foi assim, vendo seus sambas serem apresentados nas rodas, conciliando o trabalho de enfermeira — e, posteriormente, de assistente social — com as atividades na Prazer da Serrinha, que Yvonne formou um círculo de convívio com aquele grupo. Freqüentava a casa de seu Alfredo e de dona Iaiá, participava das reuniões, conversava sobre música com os primos e com os amigos deles. Foi, aos poucos, aproximando-se daquele universo freqüentando cada vez mais a casa de seu Alfredo e Araci, a dona Iaiá.

Para se ter uma idéia da importância de Alfredo Costa no universo do samba daquela época, ele foi eleito, em 1939, Cidadão-Samba. O título fora criado em 1936 para homenagear o mais importante dos foliões, escolhido pela União das Escolas de Samba entre todos os componentes de todas as escolas filiadas. Para acompanhá-lo, foi criada a Rainha do Samba. Em 1937, dona Iaiá recebeu a honraria ao lado de Paulo da Portela. Os irmãos dela, João Teodorico e Delfino, também eram do meio musical e tornaram-se grandes nomes da ala de compositores da escola Prazer da Serrinha.

Assim, cada dia ela ficava mais próxima de Oscar, o filho dos donos da casa. Os dois ficaram amigos e não tardou para começarem a namorar. Gostavam de conversar e passavam os fins de semana no terreiro, cantando samba ou dançando jongo. Passaram dez anos entre beijinhos no portão e caminhadas de mãos dadas pelo bairro. "Quanta gente casa com 18, 19 anos! Eu não tinha como. Não tinha nem mesmo tempo para pensar em namoro. Minha criação não dava para isso, tanto que acabei me casando com um rapaz que morava ao lado da minha casa." A união de Yvonne e Oscar Costa foi oficializada no dia 4 de dezembro de 1947, com direito a véu e grinalda, cerimônia na Igreja de São Luiz Gonzaga, em Madureira, e até um baile, uma surpresa dos amigos de seu sogro, seu Alfredo. Na ocasião, Yvonne estava com 26 anos, idade em que, naquela época, a maioria das meninas já estava casada. "Ele já estava no meu destino. Éramos vizinhos e desde cedo eu gostava dele e ele de mim. Eu sabia que teria de estudar, já que não ia me casar com um homem rico. Não podia exigir isso dele, e assim passei a trabalhar muito. E nunca deixei a família dele se intrometer muito. Meu negócio era com ele. Éramos nós dois."

Foi a índole calma de Oscar que conquistou a jovem enfermeira. "Ele era muito bom, sabe? Não se metia em nada, concordava com tudo o que eu queria fazer, e nunca criou confusão por causa do samba, pelo contrário." Yvonne afirma não ter feito muita diferença o fato de o marido ser filho do presidente da escola, mas preocupa-se em deixar clara a situação financeira da família. Apesar do status social conquistado com o parentesco com as "lideranças" do samba no bairro, ela ressalta que Oscar "era de uma família pobre, de trabalhadores. Ele mesmo trabalhava por conta própria, mas não tinha grandes ambições".

O curioso é que, apesar das histórias que se contam sobre a Prazer da Serrinha, a vida de Oscar era regrada, distante da boemia. "Ele gostava, sim, de samba, choro, essas coisas, mas não gostava do meio do samba. Essas coisas de escola não eram com ele. Eu que fiz ele gostar. Mas só íamos nas férias, quando não prejudicava o meu serviço nem o dele."

Agora, além da necessidade imperativa de dedicar-se ao trabalho no hospital psiquiátrico, Yvonne tinha, ainda, que dar conta das atividades de dona-de-casa recém-casada. Ainda assim, em vez de deixar de lado as composições, ela passava a se sentir mais à vontade para mostrá-las em público. O marido a apoiava na empreitada, mas não teve maiores influências em sua posição na escola. A agremiação ficara de fora da competição de 1943 a 1945 (por causa da Segunda Guerra Mundial, seu Alfredo Costa achou melhor se retirar da disputa) e resolveu encerrar suas atividades, após sucessivas derrotas.

Na Serrinha, seu Alfredo tinha fama de autoritário. Em 1947, o então presidente da república, Getúlio Vargas, decretou que as escolas desfilassem enredos com temas nacionalistas. Silas de Oliveira e Mano Décio, então, escreveram "Conferência de São Francisco", também chamado "A Paz Universal". Irritado com a determinação do presidente, seu Alfredo decidiu deixar claro quem mandava. A escola apresentou-se com "No alto da colina". O episódio deixou parte da comunidade com muita raiva e inspirou mestre Fuleiro a compor uma música que dizia "o samba do concurso não era aquele/ era outro que o Silas com o Décio escreveu/ Serra, dos meus sonhos dourados/ a paz universal restabeleceu". A indignação foi tomando conta de parte da comunidade, até que um grupo de dissidentes resolveu romper com esse comando e fundar sua própria escola. No dia 23 de março de 1947, nascia o Grêmio Recreativo Escola de Samba Império Serrano.

Seis

Que mulher é essa?

Criado em oposição ao comportamento autoritário de seu Alfredo, o Grêmio Recreativo Escola de Samba Império Serrano já trazia, antes mesmo de desfilar no carnaval, uma grande inovação: a administração do grupo seria aberta, democrática. Tudo seria decidido em conjunto pelos integrantes, os enredos e os sambas escolhidos por um grupo de compositores, sempre com a participação de todos.

Era o prenúncio de uma série de revoluções que a escola traria aos carnavais cariocas. Venceu o primeiro desfile de que participou, em 1948, deixando para trás a Portela, que havia sido campeã nos sete anos anteriores. Seu maior mérito? A inovação. O Império foi a primeira escola a trazer todos os seus componentes fantasiados e a ter o casal de mestre-sala e porta-bandeira no meio da escola, e não à frente, novidades que se tornariam regra.

A bela estréia não foi sorte de principiante. A agremiação venceu os três carnavais seguintes. No meio de tudo isso, Yvonne, acompanhada de Oscar, juntou-se ao Império assim que a Prazer da Serrinha fechou suas portas. Com prestígio por ser nora de seu Alfredo e, principalmente, prima de mestre Fuleiro — já na época bastante conhecido —, foi aos poucos apresentando suas canções e ganhando espaço entre os compositores da agremiação. Por mais que resistisse a assumir a atividade como profissão, ela começava a construir um estilo próprio na composição de melodias de samba, cercando-se sempre de parceiros ilustres e não menos talentosos.

No final da década de 1940, as alas dos compositores de todas as escolas de samba ainda eram exclusivamente masculinas (situação que perdurou ainda por muitas décadas, e até hoje atinge parte das agremiações, que, mesmo permitindo, não contam com mulheres em seu elenco). O ano de 1947, o mesmo em que ela se formou assistente social e se casou, é considerado também o do início de sua carreira artística. Foi quando ela passou a integrar oficialmente a ala dos compositores da verde-e-branca de Madureira. Durante mais de uma década, conciliou as diversas atividades. Participava das reuniões e festas da agremiação, ajudava a planejar o desfile de carnaval, trabalhava como assistente social e ainda desempenhava tarefas domésticas, sendo a principal responsável pelo funcionamento da casa.

Em 1965, foi encontrar-se com um dos bambas da escola, Silas de Oliveira. Chegou à casa do já famoso compositor de sambas do Império, onde estavam ele e o parceiro, Bacalhau. Os dois trabalhavam no samba-enredo daquele ano da escola, "Os Cinco Bailes da História do Rio", mas já não conseguiam pensar em mais nada porque haviam bebido além da conta. E ainda faltava uma parte da música. Yvonne chegou, cantarolou um pedaço da melodia, e foi o suficiente para que entrasse para a história da música brasileira como a primeira mulher a compor um samba-enredo oficial. "Tomei parte neste samba mais com a melodia mesmo. Sobre a letra, tem o seguinte, a gente tem que seguir uma sinopse para fazer samba-enredo, e nunca gostei muito disso, não. A melodia é que 'são elas'. Tem que botar uma melodia bonita, que todo mundo goste, sinta, se inspire com ela", valoriza.

Fábio Mello — na época um dos diretores da ala dos compositores do Império Serrano — dizia que o Império tinha nascido lançando novidades e que gostava muito de continuar trazendo coisas novas a cada carnaval. Yvonne se recorda de uma conversa com ele. "Todo ano ele queria lançar uma coisa nova. Aquele ano, se virou para mim e disse: 'você vai ser a novidade. Vamos colocar uma mulher, assinando o samba ao lado dos homens'." A boa idéia de fato rendeu grande repercussão à agremiação, a mais comentada naquele ano. Mas o Império não ganhou o carnaval. Ficou em segundo lugar, atrás do Salgueiro, com o enredo que homenageava os 400 anos do Rio de Janeiro, "História do Carnaval Carioca". Mesmo assim, o samba se tornaria um dos mais tocados e lembrados nos carnavais do Rio.

Os Cinco Bailes da História do Rio
(Silas de Oliveira, Bacalhau e Ivone Lara)

Lara...
Carnaval
Doce ilusão
Dê-me um pouco de magia
De perfume e fantasia
E também de sedução
Quero sentir nas asas do infinito
Minha imaginação
Eu e meu amigo Orfeu
Sedentos de orgia e desvario
Cantaremos em sonho
Cinco bailes na história do Rio
Quando a cidade completava vinte anos de existência
Nosso povo dançou
Em seguida era promovida a capital
A corte festejou
Iluminado estava o salão

Na noite da coroação
Ali
No esplendor da alegria
A burguesia
Fez sua aclamação
Vibrando de emoção
Que luxo, a riqueza
Imperou com imponência

A beleza fez presença
Condecorando a independência
Ao erguer a minha taça
Com euforia
Brindei àquela linda valsa
Já no amanhecer do dia
A suntuosidade me acenava
E alegremente sorria
Algo acontecia
Era o fim da monarquia

O vice-campeonato e o pioneirismo tirariam de vez aquela negra de olhos grandes da condição exclusiva de enfermeira ou assistente social, como ela própria preferia apresentar-se. A partir daquele momento, Yvonne passou a ser, para os demais artistas e também para o público, uma compositora, antes de qualquer outra coisa. Em Madureira, suas composições já eram entoadas nas rodas e ela começava a ser reverenciada como uma grande melodista. Lançava-se, assim, uma artista com identidade e talento próprios, agora mais reconhecidos dentro da comunidade, e que entraria de vez para a história da agremiação.

Na época, Yvonne já era mãe de dois meninos. Alfredo Lara da Costa, nascido em 1950, e Odir Lara da Costa, o mais velho, nascido dois anos antes. Trabalhava no hospital e corria para casa a fim de cuidar das crianças e das atividades do lar. Nas horas vagas, freqüentava as rodas de samba do Império Serrano, as reuniões da ala dos compositores, e ajudava a preparar o carnaval. Meio a contragosto, Oscar costumava acompanhar a mulher nesses eventos.

O nascimento dos filhos tornou a vida de Yvonne ainda mais corrida e repleta de afazeres. Ela assumira a posição de chefe de família, pois Oscar ganhava pouco, fazendo apenas trabalhos informais. "Ele trabalhava por conta própria. Às vezes levava pouco, às vezes não levava nenhum dinheiro para a família, porque não conseguia mesmo, era pobre. Era eu que sustentava a casa, de modo que ficou muito difícil trabalhar, cuidar de tudo isso e ainda fazer samba, né?"

Mas no final da década de 1960, a música ia aos poucos ocupando o devido lugar na vida de Yvonne Lara. Ela fez alguns shows históricos, com platéias repletas de figuras importantes do meio musical, entre artistas e jornalistas. Havia, enfim, muitos dos chamados "formadores de opinião". Depois de mais de três décadas integrando a ala dos compositores do Império Serrano, ela passava a ser admirada também fora da comunidade do samba, durante todo o ano, e não apenas no carnaval. "Foi aí que as pessoas começaram a me conhecer mesmo, para além de Madureira e das escolas de samba. Tinha gente de todo tipo assistindo, gente rica, pobre, jornalistas", lembra.

Em 1970, um empresário apaixonado por samba — e, especialmente, pelas mulatas — atraía admiradores do ritmo para a casa de espetáculos e restaurante que mantinha, chamada "Sambão 70". O local era freqüentado por grandes sambistas da época, mas também pelo público que buscava apenas ouvir boa música e se divertir. Entre os artistas que se apresentavam na casa estavam Yvonne Lara, Clementina de Jesus e Roberto Ribeiro.

Oswaldo Sargentelli era bonachão, divertido e tinha o dom de reunir em torno de si todo tipo de apaixonado pela arte. E, além de tudo isso, tinha um grande tino para os negócios. Ele e o produtor Adelzon Alves perceberam que o time de artistas da casa tornava-se cada vez mais popular e resolveram fazer um LP reunindo todos esses nomes. Yvonne Lara começava a ser conhecida pelo grande público sem haver gravado sequer um disco com suas canções. No início, ficou receosa. "Não sabia muito bem se isso poderia atrapalhar minha carreira. Estava na dúvida, sabe? Mas já tinha muita estabilidade, mais de vinte anos trabalhando como assistente social. O Sargentelli ia sempre lá no Império, me via cantando, comandando a minha ala, e fazendo aquelas coisas que a gente faz. E insistiu para fazer o projeto."

Antes da gravação do LP, Adelzon promoveu um show chamado "Quem samba fica?". Foi mais uma grande apresentação de Yvonne Lara. Diante de tantos aplausos, ela convenceu-se de que era o momento de registrar esse sucesso. A certeza ficou ainda maior quando o produtor assegurou-lhe que suas canções fariam sucesso e não eram sambas de gueto, mas músicas populares, que trariam retorno financeiro. Gravaram, então, o que seria o primeiro álbum de Yvonne, com Clementina de Jesus e Roberto Ribeiro. "Sambão 70" foi lançado pela gravadora Copacabana.

"O disco ficou muito bom", lembra Yvonne, "mas quando ouvimos pronto, o Sargentelli e o Adelzon me chamaram e disseram: 'Dona Ivone. De hoje em diante o seu nome artístico é Dona Ivone Lara.' Assim mesmo, sem explicar bem o porquê, acho que só por respeito, porque gostaram do meu trabalho mesmo. Até achei ruim. Disse: 'Dona? Pra que Dona? Não quero isso, não, sou nova, ainda! Não tenho nem cinqüenta anos, imaginem!' Mas eles insistiram e ficou assim mesmo. E ainda resolveram mudar a grafia para ficar mais fácil para o público, entende? Foi um sucesso. A música de trabalho era 'Serra dos meus sonhos dourados'. Um sucesso mesmo, mas nunca cogitei querer saber se vendeu bem ou não. Isso, eu confesso que não sei."

Dois anos mais tarde, foi lançado, com outros cantores e compositores, o LP "Quem samba fica?", pela gravadora Odeon. "Lembro que foi feita uma capa, se não me engano na casa do falecido Manacéia. Saímos Fuleiro, Délcio Carvalho, eu e uma porção de amigos. Foi um dia muito especial para todos aqueles que participavam do projeto e sonhavam com isso há tanto tempo", recorda-se.

Nesse mesmo ano de 1972, no dia 20 de maio, o parceiro Silas de Oliveira foi tocar em uma roda de samba, pensando em arranjar um dinheirinho extra para pagar a taxa de inscrição de uma de suas filhas no vestibular. No momento em que cantava sua parceria mais famosa com Dona Ivone Lara, "Cinco Bailes da História do Rio", sofreu um infarto fulminante.

Havia algum tempo Silas evitava se envolver em questões da escola. Discordava do andamento acelerado dos novos sambas, mas não tinha mais tanta influência e preferiu se afastar. Limitava-se às rodas e reuniões de amigos, que até o fim de seus dias eram muitos. A comunidade de Madureira compareceu em peso ao velório do compositor de "Apoteose ao samba" e "Aquarelas do Brasil" e seu enterro ocorreu debaixo de uma forte chuva. Ainda hoje, sambistas que assistiram à cerimônia afirmam que o temporal desabou por causa da tristeza, das lágrimas do povo da zona norte, que tanto perdia com a morte do artista.

Délcio Carvalho é um dos que se lembram bem daquela data. Ele estava lá, e conta que Dona Yvonne era uma das mais abaladas com a perda. "Ela estava triste, chorando muito. Eu ainda era novo no samba, mas já era conhecido como compositor. Seu Oscar, marido dela, era muito apaixonado, e ficou arrasado de ver Dona Ivone daquele jeito. Chegou para mim num cantinho e disse: "Ô, Délcio, não sei o que vai ser dela, cheia de melodias sem ninguém para pôr a letra. Agora, sem o Silas, vai ficar tudo muito triste. Você bem que podia passar lá em casa para conversar com ela um pouco, né? Soube que você anda escrevendo uns sambas bonitos demais. O que você acha?"

Era um convite irrecusável. Délcio ficou encantado com as tais melodias inéditas que Dona Ivone guardava. Juntos tocaram, cantaram e, aos poucos, foram formalizando aquela que seria a principal parceria da carreira dos dois.

Délcio é filho de um saxofonista da banda "Lira de Apolo" e passou muitas dificuldades financeiras durante a infância. Ainda menino, chegou a trabalhar como cortador de cana em Campos, sua cidade natal, no norte do estado do Rio de Janeiro. Foi lá que teve início sua carreira musical, cantando em conjuntos de baile. Mudou-se para a capital logo após o serviço militar. Gostava mesmo era de música, e resolveu tentar a vida como cantor e compositor. Apresentou-se em shows de calouros, cantou em vários bares de Duque de Caxias, na Baixada Fluminense, onde morava, até que, em 1970, aos 31 anos, entrou para a ala dos compositores do Império Serrano.

O ingresso na agremiação deu-se por conta da divulgação de "Pingo de felicidade", samba gravado por Christiane — cantora relativamente conhecida na época. Com o sucesso da canção, os diretores da escola procuraram saber quem era o jovem compositor. Délcio fazia parte do conjunto "Lá Vai Samba", e costumava apresentar-se em festivais das redes de televisão Record e Globo, mas ainda não havia lançado discos.

Délcio foi o parceiro e amigo que acompanhou Dona Ivone nas horas mais difíceis de sua vida. Apenas três anos depois da perda de Silas de Oliveira ela atravessaria o período mais triste de sua vida. Em 1975, o marido, Oscar Costa, companheiro há 28 anos, morreu, aos 52 anos, vítima de um infarto fulminante. Há poucos registros sobre sua morte, mas Dona Yvonne a atribui à tensão causada pelo acidente de carro, sofrido pelo filho mais velho, Odir, alguns meses antes.

O jovem tinha apenas 27 anos na ocasião, e estava dirigindo do centro do Rio para casa. Na altura da avenida Perimetral, perto da praça XV, perdeu o controle do carro e caiu do alto do viaduto. Dona Ivone conta que "ele ficou muito perto da morte, nem sei como se salvou. Acho que chegou a estar morto mesmo, sabe? Ficou uns 45 dias em coma, teve que ser operado pelo dr. Paulo Niemeyer, que já era um conhecido neurocirurgião naquela época, e acho que isso acabou salvando o Odir. Oscar não se agüentou de tanta preocupação e tristeza, porque a gente já passava muitas dificuldades, e mais essa... Acho que foi por isso mesmo que o Oscar não resistiu e acabou falecendo".

Mãe e esposa, ela teve que se haver, mais uma vez, como o arrimo. Quando Oscar morreu, Odir ainda estava no hospital, e Dona Ivone não podia deixar de trabalhar para sustentar a casa. "Foi uma época de muita tristeza, e só a música trazia inspiração mesmo. O Délcio fazia letras tristes, porque olhava para mim e sabia o que eu estava querendo dizer com as melodias que escrevia."

Com o apoio do amigo, em 1974 participou do projeto Pixinguinha, ao lado de Roberto Ribeiro. Os passos de jongo e a voz afinada conquistaram o público, e Dona Ivone ganhava mais um estímulo para seguir em frente. Passou a se apresentar com mais freqüência, especialmente nas rodas de samba do Teatro Opinião, e nesse mesmo ano os produtores Sérgio Cabral e Albino Pinheiro a convidaram para fazer o primeiro show solo, na famosa boate Monsieur Punjol, em Ipanema. Foi quando teve a certeza de que os aplausos eram mesmo para ela. No fim do ano, lançou mais um LP: "Samba, minha verdade, minha raiz", também pela gravadora Copacabana.

Em 1977, aos 56 anos, Dona Ivone aposentou-se como enfermeira e assistente social e resolveu, então, dedicar-se de verdade e integralmente à atividade de compositora. Nesse momento, Dona Ivone deixava de lado a carreira de funcionária pública para dedicar-se integralmente à composição, até então renegada a segundo plano. Agora, tranqüila, com a segurança financeira garantida, ela dava voz ao desejo de alcançar reconhecimento como artista.

Nessa nova fase, suas músicas passaram a ser gravadas por diversos artistas. Em 1976, Elizeth Cardoso já havia incluído em um disco a parceria com Délcio Carvalho, "Minha Verdade". Dois anos antes, Cristina Buarque de Holanda gravara "Agradeço a Deus" e "Confesso" em seu primeiro LP. Mas foi mesmo em 1978 que seu maior sucesso seria apresentado ao grande público.

Juntas, Maria Bethânia e Gal Costa fizeram shows e ganharam prêmios de melhor música com a canção "Sonho Meu", inclusive o Prêmio Sharp, considerado o mais importante no país na época.

Sonho meu
(Dona Ivone Lara e Délcio Carvalho)

Sonho meu, sonho meu
Vai buscar quem mora longe
Sonho meu
Vai mostrar esta saudade
Sonho meu
Com a sua liberdade
Sonho meu
No meu céu a estrela guia se perdeu
A madrugada fria só me traz melancolia
Sonho meu

Sinto o canto da noite
Na boca do vento
Fazer a dança das flores
No meu pensamento

Traz a pureza de um samba
Sentido, marcado de mágoas de amor
Um samba que mexe o corpo da gente
E o vento vadio embalando a flor

A canção foi mais um daqueles diálogos mágicos com Délcio Carvalho. Dona Ivone não passava um dia sem cantarolar a melodia. Aquelas notas não saíam da cabeça, ela as repetia sozinha dia e noite. Chamou o amigo e disse: "Tenho essa melodia, e queria que você fizesse a letra, mas queria que tivesse alguma coisa a ver com sonho, porque até sonhando eu canto essa música."

A parceria ficou pronta na mesma época em que Maria Bethânia gravava um disco e pediu à amiga Rosinha de Valença uma sugestão de música para encerrar o álbum. Rosinha procurou Dona Ivone, que lhe mostrou "Sonho Meu". Ao longo das décadas seguintes, o hino das rodas de samba da época — quiçá até os dias de hoje — teve dezenas de regravações.

Em 1979, Dona Ivone Lara lançou o quarto disco, "Sorriso de criança", com arranjos do maestro Nelsinho e participações especiais de Rosinha de Valença, ao violão, e Clara Nunes, no coro. No ano seguinte, viajou a Paris em turnê com o grupo Brasil, Canta e Dança e, nesse mesmo ano, Elizeth Cardoso incluiu em seu novo disco, "O inverno do meu tempo", "Unhas", mais uma de suas composições, em parceria com Hermínio Bello de Carvalho.

Durante toda a carreira de Dona Ivone, a busca por parceiros foi uma constante. São raras as obras de autoria individual. O processo de composição em dupla — utilizado em "Sonho Meu" — sempre funcionou muito bem com Délcio de Carvalho. "Normalmente a Dona

Ivone faz a melodia primeiro, e me mostra. É impressionante como a música dela é clara, e me diz exatamente o que ela queria falar quando pensou naquele andamento. Aí, com isso na cabeça, faço as letras. Ela diz que eu descubro o que ela pensou", me disse Délcio Carvalho. Ela confirma: "Com o Délcio acontecia uma coisa engraçada. Ele ouvia a melodia e parecia que ficava inspirado para escrever a letra na mesma hora. Uma coisa extraordinária. A gente ficava numa apreciação de um pelo outro, sabe? Sentava, ouvia, trocava idéias. Nunca aconteceu de ele me mostrar uma letra e eu ficar na dúvida, achar que estava ruim ou diferente do que eu tinha pensado. De todas eu gostei."

Délcio Carvalho foi, sem dúvida, o parceiro "mais presente", como Dona Ivone Lara gosta de dizer. Mas ela teve outros, aos quais quase sempre cabia a função de fazer a letra. Com Paulo César Pinheiro compôs "Bodas de Ouro". Com Jorge Aragão, "Enredo do meu samba" e "Tendência". Caetano Veloso assinou "Força da Imaginação", gravada por Beth Carvalho e Hermínio Bello de Carvalho, "Mas quem disse que eu te esqueço", entre outras.

O mais recente parceiro é Bruno Castro, 55 anos mais jovem que ela, que costuma acompanhá-la tocando cavaquinho e cantando em seus shows. Os dois se conheceram em 1999, por intermédio de um amigo de Bruno, o cavaquinista Maurício Verde, que na ocasião estava muito atarefado, dividindo-se entre shows com Altamiro Carrilho, João Nogueira e Dona Ivone Lara.

Quando não podia acompanhá-la, mandava Bruno substituí-lo. "O Maurício tocava com tanta gente que às vezes era impossível, não dava conta. Eu comecei a tocar com ela e fui ficando, ficando. Também costumava encontrá-la para ajudar nas gravações das músicas. Numa dessas gravações, ela me mostrou um cavaquinho dela que estava quebrado. Perguntou se eu tinha como consertar. Ele estava bem velhinho, aí levei a um *luthier* e ele consertou. Peguei o cavaquinho para ver se estava direitinho, e quando toquei me ocorreu uma melodia, e eu mostrei para ela quando fui entregar o instrumento. Na mesma hora ela cantarolou a segunda parte do que eu já tinha feito, e aí fizemos nossa primeira canção." Depois de "Um grande sonho", os dois tornaram-se parceiros constantes. Bruno afirma que a freqüência poderia ser ainda maior se não fosse por ele. "Fico com a melodia muito tempo, demoro demais. Ela é mais rápida. Termina e logo me entrega a música, mas só faço no máximo umas seis por ano."

O mais comum — como ocorre com as demais composições dela feitas em dupla — é Dona Ivone imaginar a melodia e Bruno completar com a letra, mas isso está longe de constituir uma regra. "Às vezes, ela vem com apenas uma parte da melodia e eu completo; às vezes, vem com a música quase pronta, com uma primeira parte com letra e melodia. Às vezes, acontece como com a última que ela me deu, em que eu estou trabalhando agora. Ela faz a melodia, me mostra e diz: 'O nome desta música é Destino.' Aí eu já sei o caminho das pedras, penso mais ou menos no que vou trabalhar, no que ela estava pensando. Ela dá essas dicas."

No processo de composição, também é comum que um dos parceiros faça sozinho boa parte da música e o outro, em seguida, modifique o que ouviu até que a canção ganhe forma e, finalmente, fique pronta. "Ela tem toda a liberdade e eu também. Acontece, sim, de ela mudar um pouco a melodia que eu fiz, eu mudar a dela, ela mudar a letra. Faz parte do processo de composição que a gente desenvolveu juntos, é normal", conta ele.

Outra parceria da dupla, gravada pelo Cordão do Boitatá e que integra, também, o disco-solo de Bruno, começou com uma melodia do jovem, que Dona Ivone desenvolveu e ele finalizou, elaborando a letra. Os dois voltavam de um show e, conversando no carro, ele comentou que tinha na cabeça uma idéia preliminar. queria fazer uma canção em homenagem a mestre Fuleiro. Ela gostou da sugestão e os dois trabalharam juntos até que "Apito de ouro" ficou pronta.

Na opinião de Bruno, foi Fuleiro o principal responsável pelo fato de Dona Ivone Lara ter alcançado reconhecimento como compositora. "Acho que hoje ainda é muito raro a gente encontrar alguma compositora mulher. Ela é minha única parceira mulher, todos os outros são homens. Ainda existe uma coisa muito machista no meio musical. Imagina naquela época! Acontece que era uma época em que as escolas de samba eram uma coisa muito familiar, sabe? Então, sendo o Fuleiro uma pessoa influente nesse meio, que tinha respeito e contatos no Império Serrano, permitiu que ela ganhasse espaço. Mesmo no começo, quando ele mostrava as músicas dela como se fossem dele, era como se estivesse preparando o terreno para que ela se tornasse a grande compositora que é, famosa e reconhecida. Ela entrou num *métier* em que hoje em dia ainda é muito complicado entrar mulher, né? E além do talento, da garra que sempre teve, o Fuleiro facilitou muito. Acho que ela ter sido casada com o Oscar ajudou, sim, é claro, afinal o seu Alfredo, sogro dela, era uma liderança na comunidade. Mas o Oscar tinha um pouco de ciúme, pelo que a gente ouve falar. Já o Fuleiro, não; queria mesmo era levar a prima, levar a família pro samba", pondera.

Quando conversamos, Bruno me apontou, ainda, outro fator que poderia explicar o reconhecimento alcançado por Dona Ivone Lara: "Ela respira música", conclui. "Se você olhar para ela e ela estiver assim, num canto, paradinha, pensando, pode saber que tem música aí. Ela com certeza não está pensando em outra coisa. Ela está o tempo todo ali, com alguma melodia nova na cabeça, cantarolando, assobiando. Acho que ela ajudou muito, já fez muita coisa, mas as mulheres ainda têm muito espaço para conquistar. Dona Ivone tem que servir como um norte, um exemplo."

A década de 1970 ficaria para sempre marcada na carreira de Dona Ivone. Depois do lançamento de "Sambão 70" e "Quem samba fica?", de 1972, gravou ainda

"Samba, minha verdade, minha raiz" e "Sorriso de criança", ambos solo. Na virada dos anos 1980, a carreira continuava de vento em popa. Ela passou a aparecer com maior freqüência na televisão e também nos jornais. "Você sabe que é isso o que importa, né? A mídia faz isso mesmo com você. De repente, diz que a moda é o samba, aí a gente faz um monte de shows, grava discos, entende? Mas depois resolve que você não serve mais, e aí você fica um tempão esquecido", reflete.

Foi mais ou menos o que se passou com ela. Em 1980, gravou "Serra dos meus sonhos dourados"; logo depois, em 1982, "Sorriso Negro" (com participações especiais de Maria Bethânia e Jorge Ben Jor), em 1983, "Alegria minha gente", e em 1985, "Ivone Lara". Em 1982 ganhou, ainda, o primeiro Estandarte de Ouro, da TV Globo, como destaque da ala das baianas da Cidade Alta do Império Serrano. Em 1988, interpretou os sambas-enredo "Alô, alô, taí Carmen Miranda", de Anescarzinho do Salgueiro, e "Xica da Silva", de Noel Rosa de Oliveira. No ano seguinte, participou do último projeto da Sala Funarte. Dirigida por Ricardo Cravo Albin, ela era a estrela do último show da série "Quatro bambas em retrato 3×4". Depois dessa seqüência de sucesso estrondoso, lançando quase um disco por ano, Dona Ivone passaria mais de uma década sem gravar composições inéditas. Ela atribui esse "esquecimento" à falta de espaço na imprensa especializada e a um movimento natural da música. "Você vê o Zeca Pagodinho, por exemplo. Ele também passou um bom tempo sem ser gravado, fazendo um show ou outro, e agora está vendendo muito bem", exemplifica.

Mas essa "má fase" terminaria na metade dos anos 1990. Aproximavam-se os 80 anos de vida e os 50 anos de carreira, comemorados em 1997. Lançou o CD "Bodas de Ouro", produzido por Rildo Hora, no qual interpreta canções em dueto com vários cantores, entre eles Almir Guineto, Martinho da Vila e Zeca Pagodinho. A partir de então, Dona Ivone passou a apresentar-se com freqüência no exterior. Em janeiro de 1996, fez tanto sucesso entre os franceses que, dois anos depois de apresentar-se em Paris, foi homenageada no Festival Latino, promovido pela Eurodisney.

Em agosto de 1999, levou sua música à África, representando o Brasil no Festival Panafest, em Gana. O ano de 2000 ela passou quase inteiramente na Europa. Em junho, mostrou suas composições no Festival de la Villette, em Paris. Nesse mesmo mês, foram os portugueses que assistiram a uma de suas apresentações, na Torre de Belém, em Lisboa. Em julho ela esteve na Suíça, no tradicional Festival de Montreux, e na Alemanha, no Festival Viva Afro Brasil, em Tübingen. Em 2001, participou da Brazilfest, em Nova York, e de um show promovido pelo governo de Benguela, em Angola.

O sucesso foi tamanho que em 2001 ela recebeu um convite para gravar, pelo selo francês Luzafrica, dois CDs destinados apenas ao mercado internacional. O primeiro foi lançado em junho do mesmo ano. *Nasci para sonhar e cantar* tinha dez músicas inéditas e quatro regravações, e teve distribuição maior na Europa e nos Estados Unidos. Em dezembro, Dona Ivone recebeu o prêmio da Academia Charles Cros de Paris por seu desempenho no álbum. O segundo CD foi lançado em 2004, intitulado *Sempre a cantar*, com músicas inéditas e alguns sucessos já consagrados.

Em outubro de 1999, Dona Ivone foi homenageada por sua cidade natal. Recebeu, da Câmara dos Vereadores do Rio de Janeiro, pelos serviços prestados à música e à cultura, a Medalha de Mérito Pedro Ernesto, criada em 1980 para agraciar as personalidades de maior destaque no país em diversas áreas de atuação. Recebeu, ainda, o troféu Eletrobrás de Música Popular Brasileira.

Em 2002, foi a grande vencedora do Prêmio Caras, patrocinado pela revista de mesmo nome e tido como a principal premiação de música popular brasileira daquele ano. Foi contemplada, também, com o troféu de "melhor disco de samba". Em novembro do mesmo ano ganhou, ainda, o Prêmio Shell de Música Brasileira, entregue no Canecão — local escolhido para a realização do show em que foram celebrados os seus 55 anos de carreira.

Sete

Enfim, compositora

No dia 30 de agosto de 2005, a tradicional casa de shows Canecão, em Botafogo, zona sul do Rio de Janeiro, estava lotada. Os ingressos haviam se esgotado algumas semanas antes da apresentação, que reuniria quatro estrelas da música brasileira. Alcione, Maria Bethânia, Ana Carolina e Dona Ivone Lara foram, várias vezes, aplaudidas de pé, especialmente quando cantaram "Sonho Meu", a mais famosa parceria de Dona Ivone e Délcio Carvalho.

Para a compositora, tratava-se de um momento que sintetizava sua trajetória — desde a composição da primeira música até a "independência profissional", quando ela pôde enfim permitir-se a dedicação exclusiva à atividade de compositora, já aposentada como enfermeira e assistente social. Era um show beneficente, cuja renda seria integralmente doada à "Casa das Palmeiras", instituição criada pela dra. Nise da Silveira. No palco, Alcione, amiga do samba, Maria Bethânia — que com a gravação de "Sonho Meu", juntamente com Gal Costa, tornou Dona Ivone conhecida do grande público e que, ainda hoje, vez por outra, costuma incluir composições da sambista em seus discos — e Ana Carolina. Integrante da nova geração de compositoras, ela costuma falar bastante da importância de Dona Ivone para a música brasileira, tendo declarado, na época do espetáculo, sua admiração pela artista, diante do papel por ela desempenhado na abertura de "espaço para as mulheres compositoras no Brasil".

O público talvez não soubesse da conjunção de fatores que fazia daquele um show especial na carreira de Dona Ivone. Mas respondia com muitos aplausos. "O pessoal delirava", conta ela. "É raro a gente pegar um Canecão, uma casa grande assim, e fazer um show daqueles. Um mês antes já não tinha mais bilheteria. O contato com o público era diferente, e acho que também por ter sido beneficente, estava todo mundo feliz", lembra Dona Ivone.

Além desse espetáculo, o ano de 2005 foi repleto de momentos marcantes na carreira da cantora e compositora. Aos 84 anos, ela — que passara de Yvonne a Dona Ivone durante a década de 1970 — ganhou um novo título: era agora chamada de "diva", ou "dama do samba", pela imprensa especializada. Ela acredita que isso tenha começado depois da participação no Tim Festival, um tradicional acontecimento do calendário musical do Rio de Janeiro e de São Paulo que reúne atrações internacionais e que no início limitava-se a receber músicos de jazz, passando, nos últimos anos, a abrir espaço também para artistas de outros estilos musicais.

"Fiz dois shows que foram mesmo muito bonitos, de samba de verdade. O público adorou e os jornalistas falaram que foi o melhor show do evento, e começaram com essa história de diva. Não sei bem o que é isso... Acho que é alguém especial, alguém que se destaca como artista, né? Fico muito honrada. Se tem um monte de jornalistas bons e respeitados dizendo que eu sou, acho que é muito bom, né?"

O jornalista Leonardo Lichotte estampou em uma reportagem publicada no *Globo Online* do dia 24 de outubro daquele ano, que "era a dama do samba no palco do jazz. ... Em noite iluminada — o que não é nada raro no caso dela —, Dona Ivone Lara eliminou qualquer dúvida de que ali, no palco Club do Tim Festival, era o seu lugar. ... Em menos de 15 segundos ali, seu contracanto divino mostrava que diva é diva, independente da seara, e que ninguém carrega um Dona no nome por acaso".

O *Estado de S. Paulo* chamou-a de "rainha do samba". Na *Folha de S. Paulo*, o show ocorrido na capital paulista foi narrado da seguinte forma: "passo lento e a dificuldade para sentar e levantar são as únicas pistas dos 84 anos da sambista. Sua voz ainda é forte e precisa, e a dança descendente do jongo que executa ainda tem graça. ... Dona Ivone Lara, depois de empolgar o sentado público com 'Alguém me avisou' e 'Candeeiro da vovó', acalentá-lo com 'Sonho Meu' e contar muitas histórias com outras tantas canções, foi aplaudida de pé."

Na edição de 23 de outubro do *Jornal do Brasil*, o crítico musical Luís Pimentel anunciava o show que aconteceria naquela mesma noite na edição do festival no Rio de Janeiro como uma exibição da "dama maior do gênero mais popular do Brasil", e destacava que "Ivone Lara é uma artista brasileira na mais perfeita tradução do clichê. Uma batalhadora que enfrentou vários batentes como enfermeira e como assistente social, até poder se dedicar ao seu nobre ofício".

Nas duas noites do festival, grande parte do público era composta por jovens. Mas isso não chegava a ser uma novidade para ela. "De uns anos para cá está sendo uma coisa extraordinária o número de jovens no meu show. Todo lugar aonde eu vou tem bastante jovem. É claro que tem também adultos, mas só aqueles mais antigos, que já me acompanham há mais tempo."

Dona Ivone se envaidece com o título de diva, mas ressalva que para conquistá-lo não bastou ter talento. "Ser afinada, trabalhar duro, ser esforçada, isso a gente pode até arrumar. Qualquer um, se quiser, consegue. Mas tudo isso sem a pessoa se portar da maneira correta não adianta nada." A preocupação com a aparência é notória. As roupas com as quais a compositora se veste já foram peças de uma exposição no Espaço Cultural dos Correios, no centro do Rio de Janeiro, e fazem parte da construção da artista. Antes de cada show, o tempo que passa em frente ao espelho, cuidando do cabelo, da maquiagem, dos detalhes da roupa e do sapato é também um momento de reflexão e respeito ao público. Fã das rainhas do rádio — especialmente de Marlene e Emilinha Borba —, que sempre ressaltaram a dedicação à aparência como algo essencial, ela repete a receita das cantoras. "Não aceito essa coisa do artista que vai cantar de chinelinho. Acho até desrespeito. O público paga, vai lá para te ver e você está de qualquer jeito, parece que nem se preparou. Acho que a postura, a aparência são fundamentais", conclui.

Mesmo em casa, longe dos palcos, Dona Ivone faz da vaidade uma doce companheira. Veste roupas confortáveis, mas sempre combinando. Gosta de sapatos dourados, com brilho, e usa lenços na cabeça, enrolados como turbantes em estilo africano. Já vestir-se como artista constitui uma espécie de ritual que requer certo empenho por parte da cantora. Ela conta com a ajuda de costureiras para confeccionar suas roupas, algumas desenhadas por ela própria, outras, por profissionais e amigos. "O que esses homens que entendem de moda fazem é uma coisa extraordinária. Eles têm um gosto que é fora do normal, eu nem preciso dar muito palpite. Meu saudoso amigo Evandro Castro de Lima fazia uns vestidos para mim. Sempre com lantejoulas, muito brilho e bordados, que eram os mais bonitos que eu tinha. Todo mundo comentava."

Evandro era um famoso estilista baiano, vencedor de concursos de fantasia dos carnavais do Rio desde o fim da década de 1950. Foi o concorrente mais premiado dos desfiles, campeão 21 vezes, até 1985, quando faleceu. O apoio do amigo também contribuiu para a constituição da identidade da artista. A preocupação de Dona Ivone em agradar a platéia é bastante explícita, num jogo de sedução típico desse modelo de interação social no qual a performance é simultaneamente moldada pelo ambiente e pelo público. Dona Ivone tem consciência dos distintos papéis que representa em cada uma das situações vivenciadas. No palco, deve vestir-se de determinada maneira, causar impressões específicas. Em casa, pode comportar-se como dona-de-casa, provedora, mãe, avó amantíssima. Como outra personagem, enfim.

Há que se pensar, ainda, que, para a compositora, o cuidado com a apresentação de si é imperativo a quem, como ela, atinge determinado status social. Ela acredita que no palco não há espaço para a enfermeira, para a assistente social ou para a chefe de família. É preciso comportar-se de maneira especial, como uma pessoa especial, diferente daquelas que estão na platéia. É preciso ser artista, ser diva.

A postura acompanha toda a trajetória de formação musical de Dona Ivone. Apesar de ter sido criada em meio a sambistas, de compor sambas e de ter estudado música erudita, ela sempre deixou claro que sua maior admiração dirigia-se às cantoras da Rádio Nacional.

Essa relação de fã, ela confirma, não se limitava ao apreço pelas vozes poderosas dessas mulheres, mas centrava-se, principalmente, na beleza delas. A grande preocupação estética — demonstrada abertamente pela compositora — acarretava, em sua opinião, bons resultados para a carreira de artista.

Em seu estudo sobre a bossa nova e a tropicália, Santuza Cambraia Naves menciona essa tentativa de distinção, de afastamento das pessoas comuns, da platéia, como algo recorrente nos artistas das décadas de 1940 e 1950. "Com relação à sua apresentação, era comum o cantor construir uma *persona* exuberante, recorrendo a trajes reluzentes e a uma postura teatral. O palco — principalmente o da Rádio Nacional, onde se firmaram grandes talentos — era um espaço em que a figura do intérprete era mitificada, o que criava uma enorme distância entre o artista e o espectador."[26]

Outra preocupação da artista, que conquistou reconhecimento do grande público quando já passava dos 60 anos de idade e lançou seu primeiro álbum aos 56, é a de permanecer bonita em qualquer idade. Falar de sua idade não lhe é embaraçoso, muito pelo contrário. Algumas vezes, em nossas conversas, por causa de qualquer confusão movida pelo excesso de dados em minhas mãos, ou menos pela aparência da minha interlocutora, eu me enganei, dizendo que ela tinha uma idade inferior. Sempre fui prontamente corrigida e,

---

[26] Ver Naves, 2001.

confesso, depois de perceber o cuidado que ela tinha em afirmar sua idade, errei a data de propósito algumas vezes, só para assegurar-me da importância atribuída a esse fato.

Trata-se de uma questão semelhante àquela observada por Andréa Moraes Alves em seu trabalho sobre sociabilidade e envelhecimento em bailes de dança de salão do Rio de Janeiro.[27] A autora menciona que algumas de suas entrevistadas — senhoras freqüentadoras de tais bailes — gostavam de contar histórias sobre jovens que desconfiavam de sua idade, afirmando que elas pareciam bem mais jovens. Alves percebeu nessas mulheres uma grande preocupação com a aparência e uma "exaltação à capacidade de manter-se bela mesmo tendo perdido a juventude", o que a autora considera uma espécie de "equilíbrio de perdas e ganhos". Dona Ivone Lara disfarça, mas assume que se enxerga elegante, bonita e "conservada".

As várias atividades que o sucesso como compositora exigem de Dona Ivone não são as únicas de seu dia-a-dia. A idade e a profissão não a eximem de coordenar a vida de toda a família.

A velhice, para ela, não está associada ao declínio, mas ao melhor momento da vida. Dona Ivone continua a desempenhar todas as atividades que exerceu durante a juventude, com grande capacidade produtiva. Compõe com a mesma freqüência e velocidade,

---

[27] Ver Alves, 2004.

contando, ainda, com a vantagem de que agora pode dedicar-se profissionalmente apenas ao que mais gosta, sem se preocupar com as conseqüências financeiras dessa escolha. Se, em nossa sociedade, a idade cronológica é um dos critérios utilizados para determinar o status dos indivíduos, para Dona Ivone Lara ela seria apenas um mérito a mais em seu já reconhecido desempenho como melodista, cantora e dona-de-casa.

A partir do fim da década de 1970, quando ela aproxima-se do que se convencionou chamar "terceira idade", a velhice começa a ser encarada, em alguns setores de nossa sociedade, como uma fase em que a busca de prazer, a tranqüilidade e as conquistas individuais tornam-se legítimas. No caso de Dona Ivone, essa realização pessoal está mais ligada à atividade profissional de compositora do que à busca de lazer ou diversão.

As tarefas de dona-de-casa jamais deram trégua, especialmente porque seu filho mais velho, Odir Lara da Costa, permaneceu morando com ela até a morte, em novembro de 2007. Depois do acidente de carro sofrido em 1975, ele aposentou-se por invalidez, passando a receber, da Previdência Social, um salário mínimo por mês. Não se casou. Era um "solteirão", segundo a compositora, e não apenas por isso, mas sobretudo pelos problemas de saúde decorrentes do acidente, continuou a viver a seu lado. A dedicação de mãe era em tempo integral. Apesar de o filho caçula ter se casado e tido dois filhos, André Luiz e Jorge Augusto, Dona Ivone continuou convivendo com o mais velho diariamente, contribuindo financeiramente. "O que ele recebia de aposentadoria era muito pouco, dava só para ajudar um pouco em casa. Eu continuava cuidando de tudo, como sempre fiz. Não tenho como conseguir descanso, não, e nem quero isso para a minha vida." Odir teve agravados os problemas de saúde cerca de quatro anos antes de sua morte. Engordou muito e se descobriu diabético. Ivone passava boa parte do tempo dedicando-se a ele. Teve de contratar uma empregada doméstica, mas continuava cozinhando, fazendo a faxina da casa e cuidando das roupas sozinha.

No fim da década de 1990, Odir apresentou à mãe e ao irmão uma filha já crescida que ele tivera com uma namorada. Simone é a neta mais velha de Dona Ivone, desde então freqüenta sua casa e tem uma boa relação com a família. Apesar de morar em Inhaúma, no mesmo bairro do pai e da avó, não os encontra com tanta regularidade quanto os filhos e a mulher do caçula.

A morte de Odir foi um momento muito delicado na vida de Ivone. Triste, sentiu sua saúde se fragilizar e teve de cancelar shows e outros compromissos profissionais. Mudou-se para a casa do filho Alfredo, em Osvaldo Cruz, perto de Madureira, onde passou a contar com o apoio diário dos netos e da nora, Eliane. Todos têm uma relação muito próxima com Dona Ivone. O neto Jorge pretende seguir a mesma carreira do pai. Entrou para o Exército, foi pára-quedista e agora estuda para ser admitido na Escola Naval. Alfredo aposentou-se na carreira militar.

O neto mais velho, André, é o mais próximo de Dona Ivone. É ele quem a leva aos compromissos — como shows e gravações —, destinando boa parte de seu tempo aos cuidados com a avó. Sempre gostou de samba — ao contrário do irmão, fã de *hip-hop* —, e nos últimos anos começou a se interessar pelo estudo de teoria musical. Matriculou-se na Escola Portátil de Música, fundada pelo parceiro de Ivone, Hermínio Bello de Carvalho, e se dedica muito às aulas de cavaquinho. "Eu procuro estudar todos os dias, quantas horas conseguir. Temos aulas com a Luciana Rabello, o Vanderson Martins, que são excelentes instrumentistas, e o que eu mais gosto de fazer é mesmo tocar, por isso sei que tenho que me dedicar muito", diz o rapaz.

O interesse surpreendeu a avó. "Quando ele era pequeno, não queria muito cantar. Aliás, ele cantava e eu não sabia! É que quando a gente falava com ele, ele só respondia 'di ta ti eu'. Acho que aquilo já era uma melodia e não percebemos! Ele foi crescendo, foi para o colégio e de repente vi o André de bandolim e cavaquinho na mão. Fiquei muito contente, até porque ele tem outra profissão, é professor de educação física, estuda cada vez mais. Eu adoro ele. É meu companheiro."

O curioso é que, assim como a avó, apesar de sempre ter gostado muito de música, André achou mais seguro seguir outra profissão. Prestou vestibular e foi aprovado no curso de educação física da Universidade Gama Filho. Formou-se em 2004 e desde então dá aulas em uma academia de ginástica, em um projeto do Sesc, em uma organização não-governamental e ainda é *personal trainer*, dando aulas particulares. "Minha vontade é ir para a música, fazer disso a minha vida. Gosto de compor, penso muito em melodias, adoro tocar cavaquinho, mas por enquanto não dá para eu fazer só isso", raciocina, seguindo preocupações que parecem estar no DNA. André afirma que nunca sofreu as dificuldades financeiras que a avó e os irmãos dela enfrentaram, mas defende que seria muito arriscado deixar o trabalho sem ter estabilidade na carreira de músico. "Não posso pensar em trocar o certo pelo duvidoso. É uma escolha muito arriscada, muito difícil. Tenho o exemplo da minha avó em casa. Hoje eu me vejo passando pela mesma coisa. Fico olhando para ela e não sei como ela agüenta fazer tudo ao mesmo tempo. É muito difícil, cansativo, mas a vida dela e todo o esforço que fez pela família e por ela mesma me servem de inspiração quando penso em desistir de uma coisa ou de outra."

No ano passado, André compôs sua primeira canção, "Investida fatal", em parceria com Dona Ivone Lara e Bruno Castro, que, coincidentemente, também concilia a atividade de músico com o trabalho de professor de educação física. "Quem começou com a idéia foi minha avó, que me chamou e disse que tinha feito uma melodia para mim. Ouvi, achei muito bonita e continuei a melodia. Mostrei para o Bruno, com um pedacinho da letra, e ele fez o resto. *A gente gravou* pensou que não fosse vingar, mas no final do ano passado veio a notícia de que *ela seria gravada*. Fiquei muito feliz."

O jovem prefere não fazer muitos planos porque diz ainda não saber se "tem dom". Conta que, de toda a família, ele é o único a se interessar pelo samba, e isso é uma grande responsabilidade. Quando, no entanto, fala sobre sua maneira de compor, o método parece hereditário: "Por enquanto, sigo muito a minha intuição. As melodias vêm, aparecem assim, de repente. Tenho várias guardadas e quero mostrar para muita gente antes de mostrar para a minha avó. Para ela tem que ser coisa muito boa, muito fina, senão ela não gosta."

Nota-se, assim, que aquelas transformações que se esperam nessa fase da vida tardaram demais a acontecer com Dona Ivone. Ela ainda não assistiu ao término de suas atividades profissionais e somente aos 87 anos pôde começar a diminuir as atividades do lar. Não houve ruptura com a saída dos filhos de casa, já que um deles permaneceu dependendo de seu apoio e por isso não sentiu a liberação das normas comportamentais normalmente associadas a esses papéis. Ela prolongou à terceira idade as mesmas atividades e responsabilidades de toda a vida adulta. Preserva o papel de avó, mãe e dona-de-casa, ainda que esteja quase chegando aos 90 anos, e continua a exercer um papel fundamental para que as atividades do lar transcorram de maneira adequada.

Andréa Moraes Alves fala em duas teorias sobre envelhecimento que funcionam como bases do discurso gerontológico. "A primeira, conhecida como teoria do desengajamento, advoga que um envelhecimento 'normal' implica a diminuição progressiva dos papéis sociais do indivíduo e redução de suas interações, transformando a natureza de suas relações com o mundo social." A segunda teoria, a da atividade, defende que "um envelhecimento bem-sucedido deve compensar as perdas de certos papéis e habilidades pela intensificação de outros".[28]

A velhice de Dona Ivone, todavia, não se encaixaria em nenhum dos dois modelos de envelhecimento mencionados. Ela não permitiu que houvesse, em nenhuma medida, uma diminuição nos seus papéis sociais, tampouco substituiu tais habilidades, intensificando outras. A compositora faz tantos shows ou até mais do que costumava fazer na sua juventude. A mãe, avó e dona-de-casa continuam atuantes da mesma maneira, ou mais ainda, do que quando Oscar Costa ainda era vivo.

---

[28] Ver Alves, 2005.

Oito

Derradeiro samba

Neste começo de século XXI, em plena atividade, a artista não passa mais por aquela sensação de olhar para o lado e não ver nenhuma outra mulher despontar na atividade de compositora. Nos últimos anos, a imprensa especializada em música tem apresentado reportagens especulando sobre quem seriam as possíveis sucessoras de Dona Ivone. Ela tem suas favoritas.

"Uma que eu adoro é a Lecy Brandão. Sempre gostei muito das melodias dela, mas acho que ela é muito prejudicada, porque o preconceito com as mulheres continua. Fico triste em ver uma pessoa como ela, que é reconhecida, que todo mundo respeita, não conseguir emplacar um samba-enredo. Acho que isso vai muito da escola, porque eu mesma enfrentei preconceito no Império Serrano, em 1965, mas muito menos do que ela enfrenta hoje. Aquilo de o Império dizer que lançaria uma novidade, que eu era a novidade, isso não acontece mais hoje. Ela faz um samba bonito, chega perto de ganhar, mas na hora é sempre um homem que ganha, mesmo que o samba seja pior", defende.

Lecy Brandão foi, como Dona Ivone, educada em redutos do samba. Nasceu em Madureira e foi criada em Vila Isabel. Ela começou a cantar e a compor nos anos 1960 e em 1968 passou a ser mais conhecida do grande público, após ganhar um prêmio no programa de televisão "A Grande Chance", da extinta TV Tupi. Logo depois, em 1972, entrou para a ala dos compositores da Mangueira. Foi a primeira mulher a fazer parte do grupo.

Participou de vários festivais de música brasileira e, em 1974, gravou um compacto com canções de sua autoria, a convite do crítico musical e jornalista Sérgio Cabral. Ao longo de sua carreira, participou de uma série de movimentos contra o preconceito, fosse ele dirigido a negros, mulheres, gays ou pobres. Jamais ganhou um samba-enredo, apesar de ter, por várias vezes, chegado às finais.

O principal parceiro de Dona Ivone Lara durante sua carreira, Délcio Carvalho, elegeu uma sucessora, inclusive para dividir o crédito das canções. Além dele, Telma Tavares compôs, também, com outros homens, mas nunca com uma mulher. Relata que, para ela, o processo de produção artística é como um ritual: "É um grande exercício para o compositor. Sou uma compositora instintiva, componho pela minha inspiração e não consigo fazer trabalho nenhum por encomenda, por isso acho que teria muita dificuldade em fazer um samba-enredo como Dona Ivone, por exemplo." Em comum, o fato de encarar a profissão como um dom: "É uma coisa meio mágica, na verdade, e talvez o Délcio tenha falado de mim porque sou mais melodista que letrista, como a Dona Ivone. Às vezes componho com o violão, às vezes, como ela, sem instrumento algum."

Sua relação com Délcio Carvalho é parecida com a que ele mantinha com Dona Ivone. "Normalmente eu dou total liberdade e tenho parceiros que me dão liberdade para mudar se eu quiser. A gente vai mexendo até chegar a um consenso. Muitas vezes ele manda uma letra e eu acho linda, mas não tenho uma idéia da melodia naquele momento. Em outros casos, recebo a letra e já leio com a música. Mas o mais comum é pensar numa melodia e ele colocar a letra."

Telma Tavares teve músicas de sua autoria gravadas por Alcione e Osvaldinho do Acordeon, mas afirma ainda enfrentar resistências pelo fato de ser mulher. "Nunca é fácil para a mulher, o mundo da música é bastante machista, vide o que fizeram com compositoras de alto nível como a Fátima Guedes e a Sueli Costa, que desapareceram. O samba é ainda pior. Obviamente que não é uma coisa genética, a história conta exatamente o que nós mulheres vivemos no decorrer dos anos. A música já começou como uma coisa masculina. A mulher, normalmente, é muito mais criativa, tem lamentos que o homem não tem, mas não dá para entender por que é tão difícil dar certo", arrisca.

Para Telma, o caso de Dona Ivone não configuraria uma prova de que o universo da música não é preconceituoso, muito pelo contrário. "Como compositora, acho que ela aconteceu tarde. Mesmo assim, ela deu dignidade ao mundo da composição de samba. Acho que hoje já é 'menos pior' do que na época dela. É evolutivo, é impossível negar que mulher seja capaz de tocar um instrumento bem, de compor bem. Agora estão aparecendo algumas pessoas como as meninas do grupo O Roda."

"O Roda" é o nome abreviado, que acabou sendo incorporado como oficial, do grupo "Roda de Saia", formado em 1996 por cinco jovens cariocas que se conheciam de rodas em redutos de samba do Rio de Janeiro. No começo da carreira, elas interpretavam sucessos de compositores como Zeca Pagodinho e Paulinho da Viola. Foram apadrinhadas por Martinho da Vila, que as convidou para tocar em seu bar, o Butiquim do Martinho, em Vila Isabel. A iniciativa deu certo e as meninas continuaram se apresentando por mais de dois anos no local. Depois de alguns shows em bares e casas de espetáculos da Lapa, no Rio de Janeiro, Bianca Calcagni (voz e percussão), Roberta Nistra (voz e cavaquinho), Carol D'Ávila (flauta), Geórgia Câmara (percussão) e Ana Costa (voz e violão) lançaram o primeiro disco em 2000. No álbum, há canções de Jorge Aragão, Wilson Moreira, Arlindo Cruz e Martinho da Vila, mas também há espaço para canções inéditas, de autoria delas. Em 2003, lançaram "Coisas do amor", também com músicas delas e de artistas já consagrados.

Ana Costa é a principal compositora do grupo e acabou se lançando em carreira-solo. A jovem reconhece a importância de Dona Ivone em suas composições, mas se diz influenciada também por cantoras e compositoras de sua geração. "Acho que neste momento minha principal fonte de inspiração vem das músicas da Mart'nália, com quem toco de vez em quando."

Mart'nália é filha do sambista Martinho da Vila. Estreou cedo, aos 16 anos, fazendo *backing vocal* em um disco do pai. Em 1987, lançou o primeiro disco, Mart'nália, com faixas de outros compositores e a sua "Na mão de Deus". Durante a década de 1990, participou como percussionista da banda Batacotô e acompanhou Ivan Lins no espetáculo "A cor do pôr-do-sol", no Canecão.

Mas foi somente em 2002, aos 37 anos, que ela tornou-se mais conhecida do grande público, com o disco "Pé de meu samba", cujo título é o nome de uma composição de Caetano Veloso, feita especialmente para ela. No álbum, havia duas músicas de autoria da compositora: "Beco" e "Chega". Mart'nália lançou, ainda, "Menino do Rio", seu maior sucesso de vendas.

Finalmente, haveria, ainda, pelo menos duas outras compositoras apontadas como possíveis sucessoras de Dona Ivone Lara. Nilze Carvalho, filha de um trompetista, era levada pelo pai às rodas de samba desde muito cedo. Aos 7 anos já participava das feijoadas da Portela. Gravou o primeiro disco em 1981, aos 12 anos. Aos 15, viajava ao exterior. Apresentou-se nos Estados Unidos, na Europa e na Ásia. Em 1992 foi morar no Japão, onde permaneceu por sete anos, ganhando a vida apresentando-se em uma churrascaria.

O álbum *Estava faltando você* inclui músicas de compositores "da antiga", como ela gosta de dizer — inclusive "Candeeiro da vovó", de Dona Ivone Lara e Délcio Carvalho. Suas, ela gravou três canções, parcerias com o pai, Cristino Ricardo.

Teresa Cristina orgulha-se da comparação com Dona Ivone Lara. Admite a grande influência da compositora em sua vida, e não apenas musicalmente. "A história de vida dela é uma coisa para se conhecer mesmo, se admirar. Não é qualquer um que consegue conquistar o espaço que ela conseguiu. Hoje ainda é difícil conquistar reconhecimento no mundo da música, mas se ficou um pouquinho mais fácil que no passado, certamente foi por causa dela."

A cantora trabalhou muito antes de poder dedicar-se integralmente à música. Foi fiscal do Departamento de Trânsito (o Detran), manicure e vendedora de cosméticos, entre outras coisas. Começou freqüentando a casa da Tia Surica, uma das mais antigas representantes da Portela, cujas famosas rodas de samba acontecem, pelo menos, uma vez por mês. Em 1995, Teresa Cristina passou a apresentar-se em casas de espetáculos do Rio de Janeiro e sua carreira decolou. Lançou três álbuns com seu grupo, o Semente, e participou da gravação de discos de outros artistas, como o da própria Tia Surica e o do Cordão do Boitatá.

Teresa Cristina orgulha-se da influência que os antigos compositores exercem em sua obra, e não esconde gostar de pesquisar sobre artistas e canções da época em que o ritmo ainda não era tido como um dos principais produtos culturais brasileiros. Reflete, nas próprias composições, a admiração que sente pelos sambas antigos. Para se ter uma idéia, uma de suas canções de maior sucesso é "Candeeiro", que chama atenção justamente pelo título, que se remete a um objeto raríssimo nos meios urbanos, nos dias atuais.

Mas a compositora não encara a observação como uma crítica. "Se for para fazer samba, quero que seja mesmo como se fazia. Claro que colocando a minha história, as minhas questões, mas acho que o samba de verdade Dona Ivone fazia quando começou e faz até hoje."

Pensar no significado da categoria "samba de raiz", ou "samba de verdade", como disse a compositora Teresa Cristina, traz certa sensação de desgaste. O termo, usado em demasia pelos jornalistas especializados em música e pelos próprios artistas, no entanto, parece essencial para a compreensão da trajetória de Dona Ivone Lara. Trata-se de uma compositora do dito "samba de verdade", que em sua longa carreira relacionou-se com diferentes grupos e vivenciou momentos muito distintos da história da música brasileira — e do samba em especial.

Fazendo uma espécie de microantropologia, debruçando-se sobre a complexa construção dessa artista pode-se alcançar uma visão despretensiosa, mas edificante, de determinadas nuances da vida social. Tal complexidade vem não apenas da trajetória de um indivíduo singular, mas das relações, dos encontros entre diferentes visões de mundo e de universos que talvez nem sequer se tangenciassem, não fosse a atuação desse indivíduo como mediador.

Observando Dona Ivone é possível pensar se não seria o samba de raiz mais um representante da mistura brasileira — e não da "pureza", como sustentam alguns de seus defensores. Esse paradoxo se faz presente em diferentes movimentos musicais: no tropicalismo, na bossa nova, no rock 'n'roll, no *bebop*.

Percorrendo os dados sobre a vida de Yvonne da Silva Lara, com familiares, empresária, parceiros, admiradores e sambistas, pode-se notar como foram construídas algumas das divisões hierárquicas com as quais convivemos, ainda nos dias de hoje, em nossa sociedade Para entender as diferentes fases da sua vida, foi preciso pesquisar o que se passava na sociedade brasileira em cada uma dessas etapas, e, da mesma forma, para entender os acontecimentos que transcorriam em nosso país, é edificante conhecer a história da compositora e as escolhas que ela assumiu.

No universo do samba no subúrbio do Rio de Janeiro, local onde muitos acreditam que o ritmo tenha sido criado (há controvérsias sobre o nascimento do samba ter se dado no Rio ou na Bahia) e onde, até os dias de hoje, celebra-se o desfile das escolas, no carnaval, um dos rituais mais importantes do país, surgem inúmeras reflexões sobre gênero, envelhecimento, arte. Se o samba carioca continua sendo um representante da unidade nacional, isso não se deve ao fato de ele preservar a pureza, mas, muito pelo contrário, de abarcar a mistura.

Dona Ivone cantou "Nasci no samba não posso parar": e assim segue. Não pensa em se aposentar mais uma vez. A relação com o palco é bem mais do que uma profissão, do que mera necessidade financeira. Ser diva, ser artista, exige de Dona Ivone a manutenção da forma física, da beleza, da vaidade. É no samba que ela se sente prolongando a juventude, participando da vida social exatamente como há décadas.

Continuar cantando e se apresentando em exaustivas turnês pelo Brasil e pelo exterior significa para Dona Ivone — muito mais do que cansaço — a própria reafirmação da vida. Ela criou para si um pedestal no qual se vê diferente dos demais, em uma posição de status finalmente alçada, depois de tantos anos entre estratégias e trabalhos. Sua transformação de dona-de-casa em diva implica uma proximidade com a beleza (uso de roupas, cabelo e maquiagem especiais para a ocasião), com a juventude — marcada em sua voz firme — e a capacidade de exibir seu corpo em passos de samba, presentes em sua mais tenra infância e nas mais recentes apresentações. "Não sei até quando vou. Por mim, posso ir até os 100 anos, desde que Ele e Nossa Senhora das Cabeças conservem minha cuca direito, para eu saber o que falo, o que ouço, para eu não ter que depender nunca de ninguém. Deus me livre e guarde! Peço a Deus que me dê muita vida e saúde para que eu continue dirigindo a minha vida, como sempre fiz. Quero morrer assim."

Brevíssimas biografias de artistas citados neste livro

ADONIRAN BARBOSA — Nascido em Valinhos, no interior de São Paulo, em 1910, é o ícone maior do samba paulista. Filho de imigrantes italianos, fazia, em suas canções, uma espécie de crônica da vida de sua cidade. Autor de grandes clássicos da nossa música, como "Tiro ao Álvaro", "Saudosa maloca" e "Trem das onze".

ADRIANA CALCANHOTTO — A cantora gaúcha já gravou canções dedicadas ao público infantil, mas consolidou sua carreira com álbuns de música popular, destacando-se composições próprias. O primeiro álbum foi gravado em 1990.

ALCIONE — Cantora, instrumentista e compositora, a maranhense entrou no meio musical aprendendo a tocar instrumentos de sopro. Integrava uma orquestra de jazz, até que um dia substituiu o *crooner*, que estava rouco. Desde então, Marrom gravou e vendeu uma série de discos de samba, pagode e música romântica.

ALMIR GUINETO — Um dos ícones do pagode e da malandragem, nasceu em 1946, no Rio de Janeiro. Na década de 1970, fez parte do grupo de compositores que freqüentavam o Bloco Carnavalesco Cacique de Ramos. Na mesma época, inventou um instrumento híbrido, colocando num banjo o braço do cavaquinho. Até hoje, a criação é usada no samba.

ÂNGELA MARIA — Nascida em 1928, sonhava desde criança em ser cantora de rádio e tinha como inspiração Dalva de Oliveira, um sucesso na época. Na década de 1950 gravou uma série de discos e sua voz tornou-se referência.

ANGELA RO RO — Nascida no Rio de Janeiro em 1949, começou a carreira dando "canjas" em bares do Rio. Fez carreira em um universo musical bastante diferente do samba: o rock. Em 1974, participou de festivais do gênero e se consagrou como compositora com "Tola foi você", sua primeira música a tocar nas rádios, e "Amor, meu grande amor", com letra de Ana Terra.

ARACI DE ALMEIDA — Apontada como uma das principais cantoras de samba do país, nasceu no Rio de Janeiro em 1914 e morreu em 1988. Gravou seu primeiro disco na década de 1930 e é considerada até hoje uma das maiores intérpretes de Noel Rosa.

Assis Valente — Nascido em 1911, começou a compor sambas no início dos anos 1930. O auge de sua carreira foi em 1940, mas após a notícia de que ele teria tentado se matar, jogando-se do alto do Corcovado, viu a fama se afastar. Em 1958, em crise pessoal e financeira, suicidou-se ingerindo formicida. Entre os maiores sucessos, "E o mundo não se acabou" e "Camisa listrada", ambas gravadas por Carmen Miranda.

Ataulfo Alves — Nascido em 1909, o compositor começou a trabalhar ainda menino para ajudar a mãe no sustento da casa. Com 18 anos, deixou o interior de Minas Gerais para morar no Rio de Janeiro. Foi um dos sambistas de maior sucesso dos anos 1940 e 1950. Primava pela elegância. Sua mais famosa canção foi "Ai, que saudade da Amélia", parceria com Mário Lago.

Beth Carvalho — Carioca, nascida em 1946, começou a carreira tocando bossa nova, mas logo se apaixonou pelo samba. Gravou vários discos e até hoje é uma das cantoras mais atuantes no meio.

Carmen Miranda — A pequena notável nasceu em Portugal, mas mudou-se para o Rio de Janeiro com apenas 18 meses. Cantora, atriz e dançarina, conquistou o Brasil e também o exterior. Tornou-se um mito.

CARTOLA — Nascido em 1908, no Rio de Janeiro, o grande compositor da Estação Primeira de Mangueira fundou, em 1925, com o amigo e parceiro Carlos Cachaça, o Bloco dos Arengueiros, que levou à criação da escola de samba. Muitos de seus sambas foram imortalizados na sua própria voz e na de outros intérpretes. Destaque para "As rosas não falam", "Acontece" e "Cordas de aço", que tiveram várias regravações.

CLARA NUNES — Nascida em 1942, ganhou o primeiro prêmio como cantora aos 10 anos. Não parou mais. Em 1966, a mineira já estava morando no Rio de Janeiro gravando seu primeiro disco. Participou de uma série de festivais, dedicando-se sobretudo à gravação de sambas. Morreu em 1983 após uma cirurgia.

ELIS REGINA — Apontada até os dias de hoje como uma das maiores cantoras brasileiras de todos os tempos, a "Pimentinha", como era conhecida, se destacou cantando em festivais e programas de televisão. Nasceu em 1945 e faleceu em 1982, deixando uma vasta obra.

EMILINHA BORBA — Nascida no Rio de Janeiro, em 1923, tinha como grande inspiração cantoras do rádio, como Carmen Miranda. Ela própria se tornou um ícone da música brasileira, especialmente do rádio. Faleceu em outubro de 2005.

FÁTIMA GUEDES — Nascida no Rio de Janeiro em 1958, começou a compor aos 15 anos. Fez trilhas musicais para peças de teatro e participou de muitos festivais, ganhando diversos prêmios. Apesar de ter gravado mais de dez discos, nunca chegou a ser um sucesso de vendas.

ISMAEL SILVA — Nascido em 1905 na comunidade de pescadores de Jurujuba, na baía de Guanabara, ficou órfão de pai cedo e, por isso, mudou-se com a mãe para a capital do Rio de Janeiro. Compôs seu primeiro samba, "Já desisti", aos 15 anos. A partir da década de 1920, passou a freqüentar os bares da cidade. Boêmio, compôs dezenas de sambas.

JOYCE — Cantora e compositora, atualmente faz muito sucesso fora do Brasil, especialmente no Japão. Fez suas primeiras gravações na década de 1960 e entre as principais composições está a canção "Feminina".

LINDA BATISTA — Famosa pelo carisma, era também conhecida por ser temperamental e excêntrica. Em 1959, recebeu o troféu Noel Rosa. Na década de 1960, porém, começou a se distanciar da carreira de cantora. Nos anos 1980, parou de trabalhar, recolhendo-se à companhia das irmãs, em seu apartamento em Copacabana, o último imóvel que lhes sobrou. Nasceu em 1919 e faleceu em 1988.

Maria Rita — Filha de Elis Regina e do compositor, instrumentista e arranjador César Camargo Mariano, gravou discos exclusivamente como intérprete, sempre com composições de outros artistas. Seus primeiros álbuns foram grandes sucessos, vendendo mais de 500 mil cópias.

Marisa Monte — Com a direção de Nelson Motta, a cantora, compositora e produtora musical lançou, em 1987, o show "Veludo Azul". De lá para cá, lançou seis álbuns, tornando-se sucesso de público e crítica. Considerada uma das maiores cantoras brasileiras da atualidade, tem composições próprias, muitas em parceria.

Marlene — Considerada uma das grandes divas do rádio e dos programas de auditório no Brasil, juntamente com Emilinha Borba. De origem humilde, a cantora nasceu em 1924 e começou a fazer sucesso ainda na década de 1940. Suas apresentações atraíam multidões até a década de 1980.

Martinho da Vila — Nascido em um sábado de carnaval, o compositor foi criado no subúrbio do Rio de Janeiro. Aos 15 anos, compôs seu primeiro samba, "Piquenique", que foi cantado no terreiro da escola de samba Aprendizes da Boca do Mato. Quatro anos mais tarde, fez os primeiros sambas-enredo, e tornou-se uma referência na escola de samba Unidos de Vila Isabel.

Ná Ozzetti — Iniciou-se na carreira artística em 1978, aos 20 anos, como integrante do grupo Rumo, no qual permaneceu até 1992. Seu primeiro CD-solo foi gravado em 1988, e o álbum lhe rendeu o Prêmio Sharp de cantora revelação. Tem composições em parceria com Luiz Tatit e Itamar Assumpção.

Nara Leão — A musa da bossa nova, cantora de voz tida como pequena mas precisa, recebia em seu apartamento, em Copacabana, grandes nomes da música brasileira que, mais tarde, seriam apontados como criadores do ritmo.

Noel Rosa — Nascido no bairro de Vila Isabel, no Rio de Janeiro, o "Poeta da Vila" viveu apenas 26 anos, mas deixou uma vasta obra. Considerado um dos maiores compositores de samba de todos os tempos, é mais reconhecido como tal que como cantor. Compôs "Feitio de oração", "Feitiço da vila" e "Conversa de botequim", entre outros clássicos da música brasileira.

Pitty — Cantora e compositora baiana, antes de completar 30 anos já havia lançado CDs de sucesso, conquistando grande espaço entre jovens e adolescentes. Considerada uma das revelações do rock brasileiro, é apontada como sucessora de Rita Lee, entre as mulheres que se dedicam ao ritmo.

Rita Lee — Apareceu pela primeira vez em 1967, aos 20 anos, no Festival de Música Popular Brasileira da TV Record, acompanhada pelo seu grupo de "rock psicodélico", Os Mutantes. Tornou-se mais popular depois de seguir em carreira-solo, sempre em companhia do marido, Roberto de Carvalho. É autora de grandes sucessos da música brasileira, como "Mania de você" e "Lança-perfume".

Sandy — Filha do cantor sertanejo Xororó, da dupla Chitãozinho e Xororó, formou, quando tinha apenas 6 anos, uma dupla com o irmão, Júnior. Cantando a música "Maria Chiquinha", de Geysa Bôscoli e Guilherme Figueiredo, os dois se lançaram ao sucesso. Gravaram mais de uma dezena de discos, bateram vários recordes de vendas e se tornaram ícones para muitas crianças brasileiras. No fim de 2007, partiu para a carreira-solo.

Sueli Costa — Lançou no Brasil seis álbuns desde o primeiro, em 1975. Nascida em 1943, no Rio de Janeiro, começou a tocar violão aos 15 anos. Três anos mais tarde, compôs a bossa nova "Balãozinho". Em 1967, sua canção "Por exemplo você", parceria com João Medeiros Filho, foi gravada por Nara Leão. A partir daí, ela participou de vários festivais e foi gravada por outros intérpretes.

VANESSA DA MATTA — Cantora e compositora com diversos *hits* radiofônicos, teve seus primeiros sucessos gravados por Chico César ("A força que nunca seca") e Maria Bethânia, em dupla com Caetano Veloso ("O canto de Dona Sinhá"). O álbum "Essa boneca tem manual" lançou-a de vez no mercado como compositora e intérprete.

WILSON BATISTA — O compositor começou a carreira freqüentando os cabarés da Lapa, no Rio de Janeiro. Tornou-se amigo de "malandros" da época, foi preso várias vezes. Foi, juntamente com Noel Rosa, um dos grandes nomes da composição de sambas nos primórdios do ritmo.

ZÉLIA DUNCAN — Iniciou sua carreira musical em 1981, em Brasília, mas só foi gravar o primeiro álbum nove anos mais tarde, morando no Rio de Janeiro. Suas composições pop fizeram de alguns de seus álbuns grandes sucessos de venda. "Zélia Duncan", de 1994, foi incluído na lista dos Melhores Álbuns Latinos da revista americana *Bilboard* e recebeu o Disco de Ouro (cem mil cópias vendidas). Em 1998, recebeu o Disco de Platina pelas 250 mil cópias vendidas do álbum.

Referências bibliográficas

ALBIN, Ricardo Cravo. *MPB — A história de um século*. Rio de Janeiro: Funarte, 1998.
ALENCAR, Edigar de. *O carnaval carioca através da música*. Rio de Janeiro: Livraria Freitas Bastos, 1965.
____. *Nosso Sinhô do samba*. Rio de Janeiro: Funarte, 1981.
ALVES, Andréa Moraes. *A dama e o cavalheiro*: um estudo antropológico sobre envelhecimento, gênero e sociabilidade. Rio de Janeiro: Editora FGV, 2004.
____. "Família, sexualidade e velhice feminina." Em: HEILBORN, Maria Luiz, DUARTE, Luiz Fernando Dias, PEIXOTO, Clarice e BARROS, Myriam Lins de (orgs.), *Sexualidade, família e ethos religioso*. Rio de Janeiro: Garamond Universitária, 2005.
BAHIANA, Ana Maria, WISNIK, José Miguel e AUTRAN, Margarida. *Música popular*: Rio de Janeiro: Europa, 1979.

BARTH, Fredrik. *O guru, o iniciador e outras variações antropológicas*. Rio de Janeiro: Contra Capa, 2000.

BARROS, Myriam Moraes de. *Autoridade & afeto*: avós, filhos e netos na família brasileira. Rio de Janeiro: Jorge Zahar Editor, 1987.

____. "Testemunho de vida: um estudo antropológico das mulheres na velhice". Em: BARROS, Myriam Moraes de. *Velhice ou terceira idade?*. Rio de Janeiro: Editora FGV, 1998.

____. "Velhice na contemporaneidade". Em: PEIXOTO, Clara Ehlers (org.). *Família e envelhecimento*. Rio de Janeiro: Editora FGV, 2004.

BECKER, Howard S. *Outsiders:* Studies in the sociology of deviance. Nova York: Free Press, 1963.

____. "Part III. The Processes of Personal Change". Em: BECKER, Howard S. *Sociological Work:* Method and Substance. Chicago: Aldine Publishing Company, 1970.

____. "Mundos artísticos e tipos sociais". Em: VELHO, Gilberto (org.). *Arte e Sociedade, ensaios de sociologia da arte*. Rio de Janeiro: Jorge Zahar Editor, 1977.

____. *Art Worlds*. Berkley e Los Angeles: University of California Press, 1982.

BENNETT, Roy. *Uma breve história da música*. Rio de Janeiro: Jorge Zahar Editor, 1986.

BERGSON, Henri. *La energía espiritual*. Madri: Editora Espasa Calpe, 1996.

BLANC, Aldir, SUKMAN, Hugo e VIANNA, Luiz Fernando. *Heranças do Samba*. Rio de Janeiro: Casa da Palavra, 2004.

BRAGA, Leandro. *Primeira Dama:* A música de Dona Ivone Lara. Livro de partituras. Rio de Janeiro: Gryphus, 2003.

CABRAL, Sérgio. *As escolas de samba do Rio de Janeiro*. Rio de Janeiro: Editora Lumiar, 1996.

CASCUDO, Luís da Câmara. *Dicionário do folclore brasileiro*, volume 2. Rio de Janeiro: MEC/INL, 1962.

CASTRO, Ruy. *Chega de saudade*: A história e as histórias da bossa nova. São Paulo: Companhia das Letras, 1990.

____. *Carmen:* Uma biografia. São Paulo: Companhia das Letras, 2005.

CAVALCANTI, Maria Laura Viveiros de Castro. *Carnaval carioca:* dos bastidores ao desfile. Rio de Janeiro: Funarte; UFRJ, 1994.

COSTA, Sandra Regina Soares da. *Bricoleur de rua*: um estudo antropológico da cultura hip-hop carioca. Rio de Janeiro: PPGAS/ Museu Nacional/ UFRJ (dissertação de mestrado), 2002.

DINIZ, Edinha. *Chiquinha Gonzaga*: uma história de vida. Rio de Janeiro: Codecri, 1984.

DIONY. "As damas do samba. Jovelina Pérola Negra & Dona Ivone Lara". Em: Revista *Raça Brasil*, São Paulo, março de 1998.

DUMONT, Louis. *Homo Hierarchicus:* essai sur le système dês castes. Paris: Gallimard, 1966.

_____. *Homo Aequalis:* genèse et épanouissement de l'idéologie économique. Paris: Gallimard, 1977.

_____. *Essais sur l'Individualisme:* Une perspective anthropologique sur l'idéologie moderne. Paris: Esprit/Seuil, 1983.

DURHAM, Eunice R. "Família e reprodução humana". Em: *Perspectivas antropológicas da mulher*, volume 3. Rio de Janeiro: Zahar Editores, 1983.

DURKHEIM, Émile. *L'Éducation Morale.* Paris: PUF, 1963.

EFEGÊ, Jota. *Ameno Resedá:* O rancho que foi escola. Rio de Janeiro: Editora Letras e Artes, 1965.

_____. *Figuras e coisas da música popular brasileira.* Rio de Janeiro: MEC/Funarte, 1979.

ELIAS, Norbert. *Mozart:* sociologia de um gênio. Rio de Janeiro: Jorge Zahar, 1995.

FERNANDES, Florestan. *A integração do negro na sociedade de classes.* São Paulo: Editora Dominus/USP, 1965.

_____. e BASTIDE, Roger. *Brancos e negros em São Paulo.* São Paulo: Cia. Editora Nacional, 1971.

FERREIRA, Angela Cristina e ARMEL, Paulo. *Eternamente Rainha, Emilinha Borba.* Rio de Janeiro: Triângulo, Design e Produções Gráficas, 2005.

FORTES, Meyer. *Oedipus and Job in West African Religion.* Cambridge: Cambridge University Press, 1983.

_____. "Age, generation and social structure". Em: KERTZER, D, KEITH, J. (Orgs.) *Age and anthrpological theory.* Ithaca: Cornell University Press, 1984.

FOUCAULT, Michel. *História da sexualidade*, volume 1. Rio de Janeiro: Graal, 1982.

FREYRE, Gilberto. *Sobrados e mucambos*. 14ª edição revista, São Paulo: Global, 2003.

_____. *Casa-grande e senzala*. 50ª edição revista, São Paulo: Global, 2005.

GANS, Herbert J. *Popular culture and high culture*. Nova York: Basic Books Inc., Publishers, 1974.

GEERTZ, Clifford. *A interpretação das culturas*. Rio de Janeiro: Livros Técnicos e Científicos Editora, 1989.

GOFFMAN, Erwin. *A representação do Eu na vida cotidiana*. Petrópolis: Editora Vozes, 1985.

GOLDENBERG, Miriam. *De perto ninguém é normal:* estudos sobre corpo, sexualidade, gênero e desvio na cultura brasileira. Rio de Janeiro: Record, 2005.

HAUSER, Arnold. *The Social History of Art*. Nova York: Vintage Books, 1951.

HEILBORN, Maria Luiz de Amorim. *Dois é par:* conjugalidade, gênero e identidade. Rio de Janeiro: Garamond, 2004.

HOBSBAWM, Eric J. *História social do jazz*. Rio de Janeiro: Paz e Terra, 1990.

HOLANDA, Sérgio Buarque de. *Raízes do Brasil*. 13ª edição, Rio de Janeiro: José Olympio, 1979.

HUGHES, Hughes, Everett C. *The Sociological Eye*. Chicago: Aldine, 1971.

MACHADO, Luiz Antônio. "O significado do botequim". Em: Centro Latino Americano de Pesquisas em Ciências Sociais, ano 12, número 3, julho-setembro de 1969.

MAGGIE, Yvonne. *Guerra de Orixá*. Um estudo de ritual e conflito. Rio de Janeiro: Jorge Zahar Editor, 2001.

MATTA, Roberto da. *Carnavais, malandros e heróis*. Para uma sociologia do dilema brasileiro. Rio de Janeiro: Zahar Editores, 1978.

NAVES, Santuza Cambraia. *Objeto não identificado*. A trajetória de Caetano Veloso. Dissertação de mestrado apresentada ao Programa de Pós-Graduação em Antropologia Social do Museu Nacional/UFRJ, 1988.

_____. *Da Bossa Nova à Tropicália*. Rio de Janeiro: Jorge Zahar Editor, 2001.

NEVES, José Roberto Santos. *Maysa*. Coleção de livros "Grandes nomes do Espírito Santo". Vitória, Contexto Jornalismo e Assessoria Ltda/ Núcleo de Projetos Culturais e Ecológicos, 2004.

PAZ, Octavio. *Os filhos do barro: do romantismo à vanguarda*. Rio de Janeiro: Nova Fronteira, 1984.

PRADO JUNIOR, Caio. *Formação do Brasil contemporâneo*. São Paulo: Brasiliense, 1996.

SAFFIOTI, Heleieth Iara Bongiovani. *A mulher na sociedade de classes: mito e realidade*. São Paulo: Quatro Artes-INL, 1969.

SALEM, Tânia. "Mulheres Faveladas: 'com a venda nos olhos'". Em: *Perspectivas antropológicas da mulher*, volume 1: Zahar Editores, Rio de Janeiro, 1981.

SANTOS, Gislene Aparecida dos. *Mulher negra, homem branco. Um breve estudo do feminino negro.* Rio de Janeiro: Pallas, 2004.

SCHUMAHER, Schuma (organizadora). *Dicionário mulheres do Brasil: de 1500 até a atualidade — biográfico e ilustrado.* Rio de Janeiro: Jorge Zahar Editor, 2000.

SCHUTZ, Alfred. *Fenomenologia e relações sociais.* Rio de Janeiro: Zahar Editores, 1979.

SILVA, Marília Barbosa da. *Silas de Oliveira, do jongo ao samba-enredo.* Rio de Janeiro: Funarte, 1981.

SINGER, BEN. "Modernidade, hiperestímulo e o início do sensacionalismo popular". Em: *O cinema e a invenção da vida moderna*, Leo Charney e Vanessa R. Schwartz (orgs.). São Paulo: Cosac & Naify Edições, 2001.

SIMMEL, Georg. *On individuality and social forms.* Chicago: University of Chicago Press, 1971.

____. "A metrópole e a vida mental". Em: VELHO, Otávio (org.). *O Fenômeno Urbano.* Rio de Janeiro: Ed. Guanabara, 1987.

STRAUSS, Anselm. *Espelhos e máscaras*: a busca da identidade. São Paulo: Edusp, 1999.

TINHORÃO, José Ramos. *O samba agora vai...* Rio de Janeiro: J.C.M. Editores, 1969.

____. *História Social da Música Popular Brasileira.* São Paulo: Editora 34, 1998.

_____. *A Música Popular no Romance Brasileiro* (vol. II: séc. XX [1ª parte]). São Paulo: Editora 34, 2000.

VELHO, Gilberto. *Individualismo e cultura: notas para uma antropologia da sociedade contemporânea*. Rio de Janeiro: Zahar, 1981.

_____. "Projeto, emoção e orientação em sociedades complexas". Em: VELHO, Gilberto, *Individualismo e cultura*. Rio de Janeiro: Jorge Zahar Editor, 1987.

_____. *Projeto e Metamorfose:* antropologia das sociedades complexas. Rio de Janeiro: Jorge Zahar Editor, 1994.

_____. "Biografia, trajetória e mediação". Em: VELHO, Gilberto e KUSHNIR, Karina. *Mediação, Cultura e política*. Rio de Janeiro: Aeroplano, 2001.

_____. *Autoria e criação artística*. Comunicação apresentada no colóquio "Artifícios e Artefactos: entre o literário e o antropológico". Fórum de Ciência e Cultura da UFRJ, RJ, 9/9/2004.

VIANNA, Hermano. *O mundo funk carioca*. Rio de Janeiro: Jorge Zahar, 1988.

_____. *O Mistério do Samba*. Rio de Janeiro, Jorge Zahar Editor e Editora UFRJ, 1995.

_____. "A meta mitológica da democracia racial". Em: FALCÃO, Joaquim e ARAÚJO, Rosa Maria Barboza de (orgs.). *O Imperador das Idéias. Gilberto Freyre em questão*. Rio de Janeiro: Fundação Roberto Marinho, 2001.

VIANNA, Letícia. *Bezerra da Silva:* produto do morro Rio de Janeiro: Jorge Zahar, 1999.

VILHENA, Luís Rodolfo. *Projeto e missão:* o movimento folclórico brasileiro. Rio de Janeiro: Funarte/FGV, 1997.

WHYTE, William Foote. *Sociedade de Esquina.* Rio de Janeiro: Jorge Zahar Editor, 2005.

Este livro foi composto na tipologia Arrus BT,
em corpo 11/16, impresso em papel off-set 90g/m²,
no Sistema Cameron da Divisão Gráfica
da Distribuidora Record.